JN400438

Tokyo's Bookstore Bookcafe Stationery store Catalogue Books

I.

지금 여기, 이곳
동경 책방

머리말

출장이나 개인 여행으로 도쿄를 가끔 방문합니다. 일본은 종이책에 대한 독자층이 확고하게 존재하는 편이라 소규모 서점 역시 하나의 문화를 형성하고 있고, 그런 서점들을 방문하며 얻는 경험은 당시에, 또는 돌아와서까지 다양한 아이디어를 제공해주기 때문입니다.

기본적인 독자층이 있다고 해도 도쿄의 서점가도 역시 경쟁이 치열합니다. 매년 10여 개의 서점들이 폐업을 하며 또 생겨나고 있습니다. 이런 경쟁을 거치며 소규모 서점들은 살아남기 위해 여러 가지 시도를 해왔고, 이 시도들은 하나의 흐름으로 이어집니다.

책이 아닌 문화 콘텐츠에 대한 경험을 판매한다. 책을 읽는 경험을 독자들에게 친숙한 일상의 한 부분으로 정착시킨다.

서점은 책을 파는 곳에서 콘텐츠 제공자로 변해간다. 서점은 훌륭한 콘텐츠를 제공하는 공간이면 된다.

이런 흐름은 소규모 서점들이 각자가 가진 철학을 바탕으로 서적 외 다양한 디자인 소품을 포함한 디스플레이 방식의 변화, 독서회 개최, 자체 박람회 개최, 업종 더하기 등으로 따로 또 같이 시도되어 왔습니다. 한국의 문화흐름은 일본과 시차를 두고 유사하게 진행되어 가는 경향을 보이기 때문에 도쿄의 서점들을 알아보는 것은 한국의 서점문화의 방향성을 예측하고 이를 대비하는 데 도움이 될 것이라 생각합니다.

『동경 책방기』는 '지금 여기, 이곳 동경 책방'을 기록합니다. 예를 들면, 책방 '캣츠 크래들'의 경우 올해까지만 영업을 하니 문을 닫기 전에 가보기를 권합니다. 그리고 책을 만드는 동안 책문화공간 '비블리오테크'가 폐업했습니다. 여행하는 데 필요한 내용을 넣되 각자 느낄 수 있는 부분의 다양성을 침범하지 않도록 시시콜콜한 감상은 최소화했습니다. 또한 각 장소마다 구글맵으로 연결되는 QR코드를 삽입하여 길치라도 스마트폰을 사용해 찾아갈 수 있도록 배려했습니다.

글자와 기록사이는 사라지거나 잊혀져가는 것을 기록합니다. 서점은 사라져가거나 생겨나거나 하는 것들이 활발히 일어난다고 하는 점에서 특별히, 강렬하게, 기록하고 싶은 대상이 아닐 수 없습니다. 10여 년 전, 나카메구로 강변 산책로에서 우연히 발견한 '카우 북스'에서 "유레카!"를 외쳤던 경험이 아직도 생생합니다.

부디 『동경 책방기』가 책과 서점을 사랑하는 분들에게 가 닿기를 바랍니다.

글자와 기록사이
최혜진

2.

머리말

동경 책방을 탐방하자는 제안을 받았을 때는 정말 신이 났습니다. 책 만드는 일을 하는 사람에게 도쿄는 의미가 있는 공간이기 때문입니다. 페어에 참석하는 정도가 아니라 오래된 고서점부터 새로운 시도를 하는 독립서점까지 두루 둘러보고 다닌다는 건 정말 매력적인 일입니다. 실제로 도쿄에서 날마다 쉼 없이 걷고, 사람들을 만나면서도 힘든 줄을 몰랐습니다. 정말이에요! 저녁 무렵에는 넉다운이 되긴 했지만 적어도 서점을 방문하고 주인장들과 대화를 나눌 때는 힘들지 않았어요. 가끔 문을 닫거나 조만간 폐업할 예정이라는 말을 들으면 괜히 서글퍼지곤 했습니다.

반대로 신선함과 정열, 책에 대한 꾸준한 사랑을 더 많이 봤습니다. 이렇게 조그만 공간에 뭐가 있을까 싶었는데 화수분처럼 책과 전시물이 쏟아져나오고, 앞으로 계획 등을 들으면 제 일처럼 기뻤습니다. 한국을 방문한 출판 관계자 외에 일본인들과 자유롭게 대화한 게 이번이 처음이었습니다. 생각했던 것보다 열정적이고, 진취적인 모습에 반하고 말았죠. 책으로 할 수 있는 모든 것, 콘텐츠를 자유자재로 활용하는 크리에이터들이었습니다. 탐방 후에도 메일을 주고받으면서 나눈 대화들은 책을 쓰고, 만드는 사람으로서 많은 자극이 되었습니다.

이 책 『동경 책방기』를 통해 여러분도 창의적인 생각과 경험을 맛볼 수 있기를 바랍니다. 책이라는 물성만이 아닌 콘텐츠를 다양한 관점에서 즐길 수 있는 책 속 세상을 함께하길.

김설경

3.

언젠가 지친 이가 가장 필요로 하는 것은 때론 사람보다 묵묵히 자리를 내어주는 장소라는 문장을 읽었습니다. 지쳐 있을 때, 나를 담고 있는 장소가 잠잠히 자리를 내어주며 복잡한 마음이 맥락을 찾을 때까지 기다려주는 것입니다. 누구나 어떤 시간을 보낼 장소들이 필요합니다.

동경에 있는 책방을 탐방하면서 여러 작은 책방들이 사람들에게 그런 장소가 되어주는 모습을 보았습니다. 비 오던 날, 젖은 우산을 탁탁 털어내고는 책방으로 들어서는 사람들. 퇴근길 지친 몸을 이끌고 책방으로 모여든 사람들. 따듯한 조명 아래 외롭지 않은 혼자가 될 수 있도록 기꺼이 자리를 내어주는 책방. 책방을 찾은 사람들이 불편하지 않게끔 배려하는 책방지기들. 여러 다양한 이유로 책방을 찾아오고 찾아간 사람들이 있었습니다. 동경 구석구석에는 사람들이 책과 함께할 수 있는 곳이 많았습니다. 사람들의 일상에 책과 함께 마음을 놓을 수 있는 곳이 누구에게나 허락되었다는 것이, 그 큰 도시를 따듯하게 데우고 있었습니다.

바라건대 우리의 일상에도 이러한 장소들이 있었으면 합니다. 복작복작하게 사람들에 치여 책을 만나고 간신히 그 시간을 찾아내는 것이 아닌, 타박타박 언제든 찾아갈 수 있는 책방이 우리 주변에 존재하기를. 지금 여기서 어렵다면 조금은 그 일상에 가까운 곳에서 그 장소와 시간들을 경험하고 마음에 그 풍경을 담아 살아냈으면 합니다. 『동경책방기』가 그 길에 들어서는 사람들에게 이정표가 되어주길 바랍니다.

권아람

추천사

한 권의 책, 그것도 가이드북이라는 타이틀이 붙은 책을 한 권 완성하기에 어떤 과정을 거쳐야만 하는지 누구보다 잘 아는 한 사람으로 글자와 기록사이의 독립출판물 『동경 책방기』의 출간 소식이 반가운 한편, 얼마나 고생스러웠을지 깊이 동감하며 진한 동지애를 느낍니다.

시중에 수많은 가이드북이 범람하고 있지만 어느 분야에 특화된 여행 정보서가 흔치 않은 이유는 넘쳐나는 정보 중에 옥석을 가려내고 자신만의 취향과 감수성의 얼개로 걸러낸 진짜 뉴스와 정보를 담기가 생각보다 수월하지 않기 때문입니다. 이런 의미에서 시간과 돈을 들이고 부지런하게 발품을 팔아 하나둘씩 모아온 자신만의 아카이브를 선뜻 내놓을 수 있는 용기는 책에 대한 뜨거운 열정과 종이 기록에 대한 냉철한 가치를 품지 못하면 할 수 없는 일이 아닐까요? 또한 스마트폰에 익숙해져 점점 종이 책을 멀리하는 현대인인 우리에게 본디 책이 가진 매력을 다시금 일깨워주는 동시에 독서 즐기기에 그만인 비밀 아지트 같은 작은 카페나 기발한 디자인의 개성 넘치는 문구류를 함께 만날 수 있는 장소로서 동경은 더할 나위 없는 도시니 이들의 『동경 책방기』가 궁금하지 않을 수 없겠지요?

감히 단언컨대, 『동경 책방기』는 기능적인 면을 충실히 고려한 제본과 판형, 군더더기 없는 디자인 그리고 알토란의 정확한 정보를 담은 여행서로서 충분히 제 역할을 다할 것이며 더불어 여행 후에는 소중한 추억의 기록으로 우리의 책장 한편에 훌륭한 장서로 남을 것이라 기대합니다.

박성윤
『동경오감』 저자, '폴 아브릴 Paul Avril' 실장

차례

A.
무사시노시

기치조지
미타카

사브로 ·········· *14*
스이추 서점 ·········· *16*
아트센터 온고잉 ·········· *22*
하쿠넨 ·········· *26*

B.
스기나미구

고엔지
오기쿠보

보지츠샤 ·········· *34*
암리테론 ·········· *38*
여행서점 노마드 ·········· *44*
오토와칸 ·········· *49*
요루노히루네 ·········· *54*
우레시카 ·········· *59*
그림책 서점 루스방 ·········· *66*
칵테일 서점 ·········· *71*
타이틀 북스 ·········· *76*

C.
시부야구

시부야
에비스
오모테산도

나디후 아파트 ·········· *82*
땡땡숍 ·········· *88*
로스 파페로테스 ·········· *92*

모리노토쇼시츠 ············ *94*
모마 디자인 스토어 오모테산도
············ *98*
북 랩 도쿄 ············ *102*
시부야 퍼블리싱 앤 북셀러즈
············ *106*
유트레히트/나우 아이디어 ············ *108*
츠타야 북스 다이칸야마 ············ *116*
파피에 라보 ············ *122*
포스탈코 ············ *126*
포스트 ············ *128*
플라잉 북스 ············ *134*
◆ 모토야 북 카페 갤러리
◆ 안진

D.
미나토구

롯폰기
아오야마
시나가와

디브로스 ············ *142*
산요도 서점 ············ *144*
크레용 하우스 ············ *148*
후타고노라이온도 ············ *152*
◆ 레이니데이 북스토어 앤 카페
◆ 수버니어 프롬 도쿄

E.
메구로구

메구로
나카메구로

데생 ············ *160*
북앤선즈 ············ *166*

분단 커피 앤 비어 ············ *170*
써니보이 북스 ············ *172*
카우 북스 ············ *178*
코로보클 ············ *186*
트래블러스 팩토리 ············ *192*

F.
분쿄구, 타이토구

야나카
네즈
센다기
우에노

북스 앤 카페 부쟁고 ············ *202*
오라이도 서점 ············ *206*
히루네코 북스 ············ *212*

G.
세타가야구

시모기타자와

비앤비 ············ *220*
이하토보 ············ *226*
클라리스 북스 ············ *232*

H.
신주쿠구, 도시마구

신주쿠
이케부쿠로

모사쿠샤 ············ *238*
이가라시 서점 ············ *242*
가이노코도리 ············ *247*
포포탐 ············ *250*

브루클린 팔러 신주쿠 ·········· *256*
캣츠 크래들 ·········· *260*

I.
주오구
긴자
도쿄역

릭실 북갤러리 ·········· *264*
모리오카 서점 ·········· *267*
이토야 ·········· *270*

J.
지요다구
진보초
간다
오가와마치

겐키도 서점 ·········· *278*
난요도 ·········· *282*
로코 책방 ·········· *287*
마그니프 ·········· *290*
빌리지 뱅가드 오차노미즈 ·········· *296*
잇세이도 서점 ·········· *302*
책거리 ·········· *306*
라이브러리 숍 앤 카페 히비야
·········· *310*

◆ Great book store
·········· *314*

마루젠&준쿠도 서점
마루노우치 리딩 스타일
기노쿠니야 서점
쇼센 북타워

아오야마 북센터
◆ Gallery & Museum
·········· *318*

국립서양미술관
국립신미술관
네즈 미술관
도쿄국립근대미술관
도쿄도미술관
모리 미술관
와타리움 미술관
21_21 디자인 사이트
도쿄인쇄박물관

◆ Eatery & Restaurant
·········· *326*

규가츠 모토무라
그릴 에프
다카포
런천
미도리 스시
아이비 플레이스
클라스카 호텔 레스토랑 기오쿠
핫 스푼

일러두기

1. 본문 안의 서점, 북카페 등의 외국어 표기는 실제 사용하는 것을 따랐습니다. 명함과 간판에 쓴 것과 동일하게 표기해서 실제 방문할 때 찾기 용이하게 하기 위함입니다.
2. 외래어 표기는 국립국어원 외래어표기법을 따르되 관용적인 표기나 서점 주인의 요청이 있는 경우 발음을 살려 넣었습니다.
3. 책에 있는 내용 중 인터뷰 내용은 변형을 하지 않고 넣었습니다. 개인의 의견이므로 사실과 다를 수 있음을 알려드립니다.
4. 이 책에 표기된 운영시간은 2쇄 발행 시점인 2017년 8월에 기준한 것입니다.

도쿄도 23개 특별구에 인접한 곳이어서 주거지로 발전했다. 특히 기치조지는 도쿄 내에서 살고 싶은 곳 1위로 해마다 꼽히는 곳이다. 나리타 공항에서 도쿄로 가는 급행열차인 나리타 익스프레스가 미타카역과 기치조지역에 서기 때문에 외국인들이 찾아가기에도 편하다. 영화 〈4월 이야기〉, 〈구구는 고양이다〉, 애니메이션 〈아즈망가 대왕〉 등의 배경으로도 등장하는 등 우리에게도 친숙한 지역이다.

기치조지 미타카

A. 무사시노시

サブロ

36 Sublo
사브로

- 주소 : 도쿄도 무사시노시 기치조지 혼초 2-4-16 하루 빌딩 2층 (기치조지역 북쪽 출구에서 7분)
  東京都 武蔵野市 吉祥寺本町 2丁目-4-16 原ビル 2階 (〒180-0004)
  Tokyo-to Musashino-shi Kichijoji-honcho 2Chome-4-16 Hara Building 2F
- 영업시간 : 12:00~20:00 (화요일 휴무)
- 특징 : 오래된 추억의 문구부터 최신의 다양한 아이디어 문구류 취급

🏠 www.sublo.net
🐦 @36Sublo
f www.facebook.com/36Sublo
📷 www.instagram.com/challenge

위_둥글고 하얀 귀여운 손잡이를 돌리면 문구 마니아에게는 마법 같은 공간이 펼쳐진다. 출입문도 격자형 나무틀에 유리를 끼워넣은 빈티지풍 모양새가 멋스럽다.
아래_건물 초입에 놓인 유니크한 입간판. 나무틀에 흰색 칠을 한 나무와 아크릴이 조화롭다.

기치조지 북쪽 출구로 나와 쭉 걸어가다보면 부동산이 있는 건물의 2층에 위치한다. 할아버지가 운영하던 문구점을 이어받은 것으로 가게 이름도 할아버지 이름을 따서 지었다고 한다. 가게 홈페이지에 들어가면 주인이 어린 시절에 할아버지와 찍은 추억이 담긴 사진을 볼 수 있다.

갖은 모양의 나무로 짜넣은 수납장을 활용해 유니크한 각종 물건들로 가득 채웠다. 가격대는 다양하면서도 부담스럽지 않은 물건들이 대부분이고, 유리장 안에 가격대가 조금 높은 빈티지 제품도 진열되어 있다.

일본의 표준 문구를 중심으로 어린 시절 향수를 불러일으키는 복고풍 아이템, 해외 문구들이 있다. 일본 특유의 미니멀한 제품들과 유럽의 감성을 풍기는 제품들을 주인이 감각적으로 큐레이션해놓아 문구 마니아라면 반드시 찾아가야 할 곳이다.

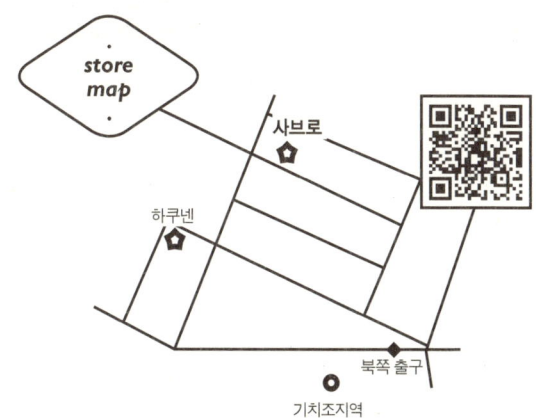

· stationery store ·

水中書店

Suichu shoten
스이추 서점

◆ 주소 : 도쿄도 무사시노시 나카초 1-23-14 (미타카역 북쪽 출구에서 5분)
　東京都 武蔵野市 中町 1丁目-23-14 (〒180-0006)
　Tokyo-to Musashino-shi Nakacho 1Chome-23-14
◆ 영업시간 : 12:00~22:00 (화요일 휴무)
◆ 특징 : 그림책, 만화책, 음식·생활·문학·예술 서적, 인문서 등 다양하게 취급

🏠 www.suichushoten.com
🐦 @suichu_shoten

서점 문 앞에서 잘 정리된 책장과 박스 들을 들여다보다 보면 어느새 햇살 너머로 조용히 밝혀진 책방에 들어서게 된다.

2014년 1월에 문을 연 미타카 '마을의 헌책방'이다. 미타카역 북쪽 출구에서 오른쪽으로 3분쯤 가다 왼쪽 골목으로 꺾어들어가면 오른쪽 첫번째 코너에서 붉은색 벽돌 건물 1층에 자리한 서점을 만나게 된다.

바로 보이는 초록색 차양막 위에는 한자로 '고서 수중서점'이라고 써 있는데 타이포그래피가 무척 귀엽다. 서점 바깥에는 몇 개의 책장과 박스에 할인본과 화집이 깔끔하게 진열돼 있다.

건물 바깥쪽 화단의 초록 식물들과 서점 외양이 어우러져 마치 어서 들어오라고 손짓하는 듯한 느낌이 든다. 산책길이나 퇴근길에 꼭 들어와달라고 말을 건네는 조용하고 고즈넉한 책방이다.

· book store ·

위_서점에 들어서기도 전에 책장에
깔끔하게 꽂혀 있는 책들이 반겨준다.
아래_책방에 들어서면 좌우로
화려하고 예쁜 표지를 자랑하는 듯
책표지가 잘 보이게 진열되어 있다.

위_책방 내부 모습. 시·소설 등의 문학작품, 예술 관련 인문 서적, 만화책 등이 종류별로 정리된 나무 책장들이 늘어서 있다.
아래_책장이 끝나는 부분의 면을 버려두지 않고 책장과 같은 색의 나무 선반을 대어 구색에 맞는 음악 CD들을 커버가 보이도록 놓아두었다.

· book store ·

위_책방 깊숙히 자리한 계산대는 책을 편히 보라는 배려 같다. 계산대 아래 공간에 헌책들을 묶어 보관하는데 마치 인테리어인 듯하다.
아래_시집 등의 문학작품, 그림책, 하이쿠 관련 책들이 표지가 잘 보이도록 매대에 진열되어 있다.

햇살이 조용히 통과하는 책방에 들어서면 잔잔한 클래식 음악이 흘러 책 보기에 적당하다. 그림책, 문학·예술 관련 책들, 인문서 등의 새 책과 헌책이 종류별로 진열되어 있다. 어떤 사소한 것이라도 상담에 응한다고 하니 그야말로 부담없이 들러볼 만한 '동네 책방' 임이 분명하다.

☞ *mini interview*

이곳의 이름에 대해 설명해주세요.

📖 특별히 없습니다. 하지만 어쨌든 정말 좋은 이름이라고 생각합니다.

이 설문에 참가해주시는 분을 소개해주세요.

📖 저는 이곳의 점장입니다.

이곳만의 특별한 점은 무엇입니까?

📖 시, 단카(단가), 하이쿠▾ 책이 많습니다.

이 다음에 방문하면 좋은 곳을 추천해주세요.
(서점이나 책과 관련한 곳이면 좋겠습니다.)

📖 무사시노플레이스(공공 도서관)를 추천합니다.

▾17자 내외의 짧은 시. 주로 계절이나 개인적 서정에 대해 쓴다.

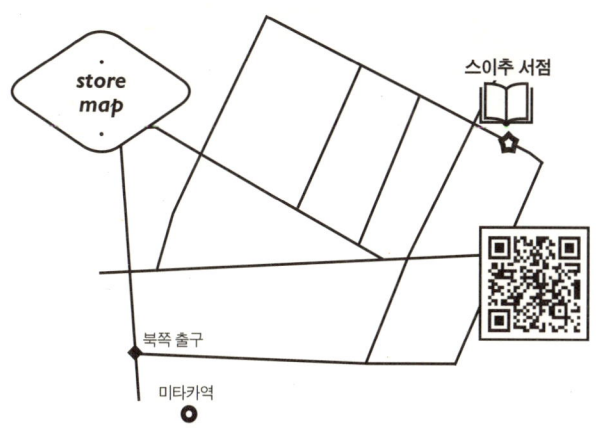

· book store ·

Art Center Ongoing

아트센터 온고잉

- ◆ 주소 : 도쿄도 무사시노시 기치조지 히가시초 1-8-7 (기치조지역 북쪽 출구에서 7분)
  東京都 武蔵野市 吉祥寺東町 1丁目-8-7 (〒180-0002)
  Tokyo-to Musashino-shi Kichijoji-higashicho 1Chome-8-7
- ◆ 영업시간 : 수~일요일 12:00~23:00 (월, 화요일 휴무)
- ◆ 특징 : 전시 위주로 엄선한 책을 주기적으로 교체

🏠 www.ongoing.jp
f www.facebook.com/ArtCenterOngoing

카페 카운터. 하단에 있는 먹색으로 칠하고 십장생도에서 튀어나온 듯한 그림은
도쿄도현대미술관에 작품이 소장되어 있기도 한 아사이 유스케 씨가 밀가루로 그린 작품.

아트센터 온고잉은 최신 현대미술을 일상의 연장선상에서 제공하는 것을 목표로 하는 공간이다. 기치조지의 주택가에 위치해 있으며, 1층은 북카페로 2층은 갤러리로 운영된다. 책과 예술작품이 시너지를 내도록 큐레이션된 매력적인 공간이다. 각 공간은 성격에 맞게 아티스트들의 표현과 소통의 장으로 활용되고 있다.

카페 주인인 오가와 노조미 씨는 2000년대 초반에 지금의 카페 이름으로 전시를 5년간 주최했다. 이때의 경험을 바탕으로 아트센터 온고잉을 만들었다.

이야기를 나눈 카페 스태프는 일본 사람들에게도 많이 알려지지 않은 이곳을 찾아온 것에 대해 반가움을 표시했다.

카페를 찾아온 손님들이 입장료를 내고 전시를 보는 대신에 전시하는 작가에게는 임대료를 받지 않는다. 갤러리에서 입장료를 받는 이유를 예전 인터뷰에서 찾을 수 있었다.

위_1층 카페 한쪽에는 각종 전시 리플렛과 자료 들을 비치하는 공간이 따로 마련되어 있다. 하얀 벽면과 나뭇결이 살아 있는 갈색 바닥, 검정색 의자가 서로 대비되어 별도의 장식이 없이도 인테리어 효과를 톡톡히 보고 있다.

건물 1층 왼쪽에 걸려 있는 작은 간판. 아트센터 온고잉의 로고 타입은 마치 예술로 높은 곳을 향해 오르라는 메시지처럼 보인다.

라이브 공연이나 연극을 관람할 때는 다들 입장료를 내잖아요. 그러니 아트 갤러리에서 입장료를 받는 것도 괜찮겠다는 생각을 예전부터 해왔습니다. 그렇게 하면 사람들에게 예술을 전파하는 갤러리로서 책임감을 가지고 더 확실히 일할 수도 있을 거고요. _『도쿄의 북카페』 중

오가와 씨의 실험(?)이 계속되기를, 그리고 원하는 만큼 오래도록 센터를 운영할 수 있기를 응원한다.

2층에 위치한 갤러리로 향하는 계단. 흰색과 검은색을 번갈아 칠한 계단과 흰 벽면, 하얗게 칠한 방향 태그가 세련미를 더한다.

☞ *mini interview*

이곳의 이름에 대해 설명해주세요.
📖 현재진행형, 온고잉. 항상 최신 현대미술을 일상의 연장선 위에서 제공하는 풍성한 공간이 되는 것을 목표로 설립했습니다.

이 설문에 참가해주시는 분을 소개해주세요.
📖 카페의 키친 스태프입니다(오너가 아닙니다).

이곳만의 특별한 점은 무엇입니까?
📖 2층의 갤러리에 관계돼 활약 중인 현대미술 작가의 개인 출판 책 등이 비치되어 있습니다.

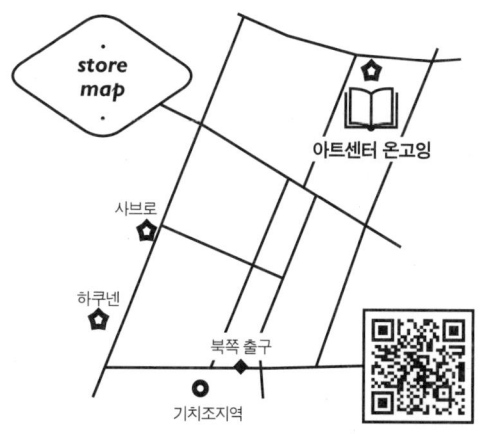

· book cafe ·

百年

Hyakunen
하쿠넨

◆ 주소 : 도쿄도 무사시노시 기치조지 혼초 2-2-10 무라타 빌딩·2층 (기치조지역 북쪽 출구에서 1분)
東京都 武蔵野市 吉祥寺本町 2丁目-2-10 村田ビル 2階 (〒180-0004)
Tokyo-to Musashino-shi Kichijoji-honcho 2Chome-2-10 Murata Building 2F

◆ 영업시간 : 월~금요일 12:00~23:00, 토요일 11:00~23:00,
일요일 11:00~22:00(화요일 휴무)

◆ 특징 : 신간과 구간을 모두 취급, 예술서적 다량 보유

🏠 www.100hyakunen.com
🐦 @100hyakunen
📘 www.facebook.com/百年-171566986280724
📷 www.instagram.com/100hyakunen

기치조지역 근처의 작은 골목들이 이어지는 거리 가운데 빌딩 2층에 자리하고 있다.

무사시노시 기치조지에 위치한 예술 관련 서적을 주로 취급하는 책방이다. 기치조지는 도쿄에서 가장 살고 싶은 동네 1, 2위를 놓치지 않는 곳이기도 하다. 기치조지 번화가의 도큐 백화점과 올드 네이비 근처 이리저리 뻗어 있는 골목의 가운데에 자리하고 있다.
책방 이름은 한자 그대로 읽었을 때 '백년'이며, 일본어로는 '햐쿠넨'으로 읽는다.
나무로 테를 두르고 하얀 아크릴에 한자로 백년이라고 쓰여 있는 큐브 간판 아래 작은 문을 열고 안으로 들어가면 생각보다 큰 내부 규모에 놀라게 된다. 그리고 사방의 아름다운 책들에 시선을 사로잡히게 될 것이다.

책방 이름이 새겨진 하얀 큐브 간판이 정갈하다.
어두워지면 불을 켜서 복도를 밝힌다.

· book store ·

위_큐브 간판이 커보일 정도로 자그마한 문을 열고 들어가면
나무 향이 물씬 풍기는 아기자기한 공간이 나타난다.
아래_나무로 된 바닥은 걸을 때 약간 삐걱거리는 소리가 나는데
그마저도 정겹다. 나무 바닥의 결을 따라 연두색으로 칠한
바퀴 달린 책장들이 늘어서 있다.

위_책방 직원이 있는 카운터 쪽에는 예술 관련 독립출판물과 문구류가 진열되어 있다.
공간을 하나도 놀리는 곳 없이 그림책, 사진집, 예술 도록, 전시 리플렛 등이 섬세한 큐레이션을
거쳐 배치되어 있다. 책이 놓여져 있는 풍경뿐 아니라 팔려서 빈 자리까지도 계산된 느낌이다.
아래_꼭 필요한 정보가 더 잘 읽히도록 시각적으로 잘 정리된 사인물

미술 관련 작품집, 그림책, 사진집, 전시 도록, 디자인 서적, 전시 리플렛 등을 보유하고 있으며, 전시도 부정기적으로 개최한다. 신간은 입구 쪽에 주로 있으며, 바닥 나뭇결을 따라 촘촘히 배치된 책장에는 헌책이 분야별로 정리되어 있다.

· book store ·

위_기치조지 거리가 내려다보이는 창가에는 사진작가의 사진과 엽서, 화집, 문구류 등이 전시되어 있다.
아래_하쿠넨에서 자체 선별한 요리책, 그림책, 에세이 등의 신간도 책의 정면이 보이도록 진열되어 있다.

예술 서적들 외에도 하쿠넨에서 선정한 요리책이나 사진·여행 에세이들도 만나볼 수 있다. 하쿠넨은 도쿄아트북페어에 거의 매년 참가하는데 행사 기간에는 더 많은 다양한 정보들을 얻을 수 있다.

☞ *mini interview*

이곳의 이름에 대해 설명해주세요.
📖 올드&뉴 셀렉트 북숍 하쿠넨. 새 책과 헌책을 수집하고 있습니다.

이 설문에 참가해주시는 분을 소개해주세요.
📖 사원, 판매원입니다.

이곳만의 특별한 점은 무엇입니까?
📖 이벤트나 전시를 열고 있습니다. 리틀프레스(zine)▼도 취급하고 있습니다.

▼독립출판물. 일본에서 독립출판물을 이르는 보통명사

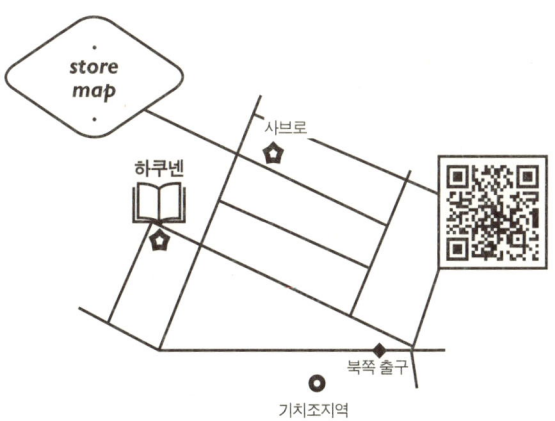

◆ 2017년 8월 9일자로 하쿠넨에서 1분 떨어진 곳에 '하루(一日, 이치니치)'라는 분점을 열었다. 자유로운 전시와 행사 위주로 운영하며 로컬(지역)의 새로운 명소로 자리잡을 것으로 보인다.
◆ 도쿄도 무사시노시 기치조지 혼초 2-1-3 이시가미 빌딩 1층
東京都 武蔵野市 吉祥寺本町 2丁目-1-3 石上ビル 1階
Tokyo-to Musashino-shi Kichijoji-honcho 2Chome-1-3 Ishigami Building 1F

· book store ·

도쿄가 확장되기 이전부터 도쿄시에 속한 인구가 많은 도심 지역에 속한다. 완만한 구릉지에 주택이 많은 편이고, 간다강, 젠푸쿠지강, 묘죠지강 등이 이 지역을 흘러지난다. 주요지역으로는 고엔지, 아사가야, 오기쿠보 등을 들 수 있다.

우리에게 친숙한 건담 시리즈를 만든 애니메이션 제작사인 선라이즈가 스기나미구 가미이구사역 근처에 있다.

고엔지
오기쿠보

B. 스기나미구

忘日舎

Vojitsusha
보지츠샤

- 주소 : 도쿄도 스기나미구 니시오기키타 3-4-2 (니시오기쿠보역 북쪽 출구에서 5분)
  東京都 杉並区 西荻北 3丁目-4-2 (〒167-0042)
  Tokyo-to Suginami-ku Nishiogikita 3Chome-4-2
- 영업시간 : 수·목·일요일 13:00~20:00, 금·토요일 13:00~21:00 (월·화 휴무, 공휴일 영업, 부정기적으로 쉴 수 있음)
- 특징 : 새 책과 헌책을 모두 취급. 정기 독서회 개최

🏠 www.vojitsusha.com
🐦 @vojitsusha

위_나무 팔레트를 켜켜이 쌓아놓은 것 같은 진열대에 사진집, 도록, 화집 등을 표지가 보이도록 진열해놓았다. 한쪽에 정갈한 솜씨로 꽃을 꽂아놓은 게 책방과 잘 어울린다.
아래_책방 입구 쪽에는 둥글게 짠 나무 책장에 소설, 에세이, 전집 등이 꽂혀 있다.

忘(잊다), 日(날), 舍(집/머무르다). 보지츠샤의 한자를 하나씩 풀어 읽어보니 '하루를 잊고 지낼 수 있는 공간이고 싶다'고 한 점주의 마음을 짐작할 만하다. 책방 홈페이지에 보면 이름 아래에 'the small book store for something not told'라고 쓰여 있는데, 해석하자면 '말하(여지)지 않은 것을 위한' 또는 '알려지지 않은 것을 위한 작은 서점' 쯤 될까. 그래서인지 보지츠샤에서는 알려지지 않은 책들을 위한 정기 독서회를 개최하고 있다. 아늑하게 느껴질 정도의 공간이지만 많은 것을 품고 있는 책방에는 눈길 가는 곳이 많다. 소설, 비소설, 사진집, 에세이, 화집, 도록 등 다양한 책들이 새 책과 헌책으로 나뉘어 있었다.

책, 책장, 책상으로만 구성된, 책을 읽다 정신을 뺏길 구석이 단 한 군데도 없어 보이는
책방 본연의 의무에 충실한 듯한 내부 구성이다.

장서가의 서재 같은 책방 내부에 흐르는 잔잔한 피아노 선율은 마음을 차분하게 해 책을 보는 데 더없이 편안함을 준다. 작은 의자들이 여기저기 놓여 있어 찬찬히 책을 읽어볼 수 있게 배려해놓은 것도 눈길을 끌었다.

우리가 찾아간 날은 스태프 이시하라 씨가 있었는데 매우 친절하게 대해주었다. 한국에서 왔다고 하니 책장에서 일본어로 번역된 한국 책들을 찾아 보여주며 설명해줬다.

서점 문을 열자마자 보이는 평대에는 보지츠샤에서 소개하고 싶은
책들이 가지런히 놓여 있었다. 책장에도 책을 빽빽이 꽂아놓기보다는
소개하고 싶은 책 위주로 이곳에서 큐레이션한 책이 꽂혀 있었고,
소개글도 써서 함께 볼 수 있게 해놨다.

☞ mini interview

이곳의 이름에 대해 설명해주세요.
📖 하루를 잊고 지낼 수 있는 공간이고 싶다고 생각했습니다. 작가 호리에 도시유키의 저작 타이틀에서도 조금 영향을 받았습니다.

이 설문에 참가해주시는 분을 소개해주세요.
📖 수요일 점원인 스태프 이시하라입니다.

이곳만의 특별한 점은 무엇입니까?
📖 작은 가게이지만 좋은 책을 고릅니다(일본어 번역본입니다만 한국 책도 모으고 있습니다). 책을 좋아하는 사람이 모이고 있습니다. 정기적으로 독서회를 하고 있습니다. 카페 공간은 따로 없지만 차를 마시러 오는 단골손님이 있습니다.

『河岸忘日抄』를 말하는 듯하다.

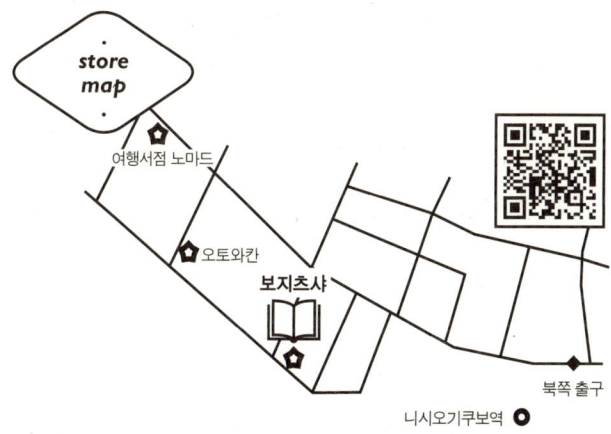

· book store ·

Amleteron

암리테론

◆ 주소 : 도쿄도 스기나미구 고엔지키타 2-18-10 (고엔지역 북쪽 출구에서 10분)
  東京都 杉並区 高円寺北 2丁目-18-10 (〒166-0002)
  Tokyo-to Suginami-ku Koenjikita 2Chome-18-10
◆ 영업시간 : 날마다 영업시간이 조금씩 다르고 부정기적으로 쉰다. 반드시 홈페이지에서 운영시간을 찾아본 뒤에 방문하기를 권한다.
◆ 특징 : 책과 어울리는 소품을 함께 취급, 갤러리처럼 운영하는 방식

🏠 www.amleteron.blogspot.jp
f www.facebook.com/amleteron

문을 열자마자 보이는 암리테론의 모습. 공간을 허투루 쓰지 않는다는 게 한눈에 들어왔다. 모든 것이 제자리에 있는 듯 안정적인 모습이 인상적이었다.

'암리테론Amleteron'은 에스페란토어로 '러브레터'라는 뜻이란다. 그림책 서점 루스방 점주가 추천해줘서 방문한 예상치 못한 선물 같은 곳이었다.

고엔지역에서 나와 예쁜 골목골목을 지나 10분 가까이 걷다보면 하얗게 칠한 외관과 줄무늬 차양막이 달린 암리테론이 보인다. 격자 사이에 말간 유리가 끼워진 하얀 문을 열고 안으로 들어가면 벽면 양쪽에는 책장이, 중앙의 진열대에는 아기자기하게 문구류가 놓여 있다.

공간의 일부는 갤러리로 사용하고 있었다. 먼저 기획서를 보내면 암리테론에서 전시 여부를 알려준다. 그런 후 작품을 가지고 가 직접 상담해서 전시를 결정한다. 전시는 기존 상품과 함께 벽의 일부나 책장 한 켠에 잘 어울리게 설치한다. 책과 상품, 전시품을 조화롭게 큐레이션하는 주인장의 센스에 감탄했다.

· book store ·

위_서점 안에서 문쪽을 본 풍경. 골목길은 유럽처럼 예쁜 돌이나 블록이 깔린 곳이 많은 편이다.
아래_LP와 음악 CD, 새를 주제로 한 그림과 카드, 일본 전통 문양을 이용한 엽서 등이 진열장을 채우고 있었다.

우리가 방문한 날은
기존의 책과 소품 들
사이에 도기류를
전시해놓고 있었다.

작은 조명 하나도
신경 쓴 게 눈에
보인다. 계산대 앞으로
작은 팸플릿 등이
놓여 있다.

종이가 가진 질감과 쓰임을 좋아하는 사람이라면 한눈에 반할 만한 제품들이 책과 조화롭게 있는 모습은 아름답다라고밖에 표현할 수 없었다.
각종 종이 제품들―발레리나 모빌, 날다람쥐 조명, 고양이 달력 등을 비롯해 오래된 LP와 음악 CD들, 뱃지, 엽서 등등 다양한 상품들이 책 보는 즐거움을 더한다.
어찌보면 잡다한 것들이 모여 있는 모습인데도 번잡하고 어지럽다기보다는 흥미를 불러일으키며 보물찾기를 하는 기분이 든다.

· book store ·

왼쪽_고양이를 주제로 한 한 장으로 보는 1년 달력. 사고 싶었으나 더 이상 판매하지 않는다고 했다.
오른쪽_고양이신이 지키고 있는 일일달력. 손바닥만한 달력을 꽤나 많이 뜯어보고 싶어하나 보다.

왼쪽_털이 복슬복슬한 고양이가 인쇄된 에코백
오른쪽_날다람쥐 모양 조명

어느 한 곳도 허투루 쓰지 않은 아기자기한 배치가 인상적이다. 작은 공간이지만 꽤나 다양한 물건들이 있어서 하나씩 구경하다 보면 시간이 금세 지나 놀라게 된다.

☞ *mini interview*

Amleteron

이곳의 이름에 대해 설명해주세요.

📖 Amleteron은 에스페란토어로 러브레터를 의미합니다. '편지와 독서에 얽히다'를 테마로 한 서점이라서 이런 이름을 붙였습니다. 이 서점에 비치한 물건은 제가 서점에 온 손님에게 보내는 편지와 같은 것이라는 뜻도 있습니다.

이 설문에 참가해주시는 분을 소개해주세요.

📖 오너입니다(혼자서만 서점을 운영하고 있습니다).

이곳만의 특별한 점은 무엇입니까?

📖 '편지와 독서에 얽히다'를 콘셉트로 책이나 잡지는 모으되 여기에 머무르지 않고, 셀렉트(수집) 한 물건들을 구비했습니다. 이 서점만의 고유한 (오리지널리티를 가진) 물건도 있습니다.

· book store ·

旅の本屋 のまど

Nomad books
여행서점 노마드

- 주소 : 도쿄도 스기나미구 니시오기키타 3-12-10 츠카사 빌딩 1층 (니시오기쿠보역 북쪽 출구에서 7분)
  東京都 杉並区 西荻北 3丁目-12-10 司ビル 1階 (〒167-0042)
  Tokyo-to Suginami-ku Nishiogikita 3Chome-12-10 Tsukasa Building 1F
- 영업시간 : 12:00~22:00 (수요일 휴무)
- 특징 : 여행과 관련된 책, 세계 각국의 문화에 대한 책 등을 판매, 신·구간 취급

🏠 www.nomad-books.co.jp
🐦 @nomad_books
📘 www.facebook.com/nomadbooks

책방 바깥에서 보이는 위치에 진열된 공간. 앤틱한 지구본 등의 소품에서 여행서점으로서의 분위기가 물씬 풍긴다.

리틀 진보초로 불리는 니시오기쿠보의 산책하기 좋은 거리에 자리한 여행서점 노마드. 책방 주인인 가와타 마사카즈 씨가 배낭 여행을 하던 중 뉴욕에서 'Travel Book Store'라는 책방에 들른 게 계기가 되었다고 한다. 여행에 관련된 책을 판매하는 것에 그치지 않고 서점을 중심으로 이벤트와 세미나를 열고 지역인과 여행객들이 자연스럽게 만나 커뮤니티가 형성되는 문화의 매력에 빠졌다. 여행서점 노마드는 여행을 좋아하는 사람들이 여행을 떠나기 전, 여행 도중, 여행 후에도 여행의 기분을 느낄 수 있는 공간을 생각해 만들었다.

로얄 블루 컬러의 테두리로 장식된 유리문을 열고 들어가면 오른쪽에는 앤티크 소품이 놓여 있고, 진열대를 시작으로 책방 전체가 발디딜 틈 없이 책으로 둘러싸여 있다. 여행 에세이, 사진집, 지역안내서, 리틀프레스, 잡지, 무가지, 팸플릿 등 종류가 무척 다양했다.

흔히 떠올릴 만한 여행 책보다는 아기자기하고 예쁜 여행책들이 골고루 구비되어 있다.

새 책과 헌책을 구분하지 않고 '여행'에 관련된 책을 장르와 작가별로 분류해 진열한다.

· book store ·

위, 아래 좌측_빼곡하게 자리잡은 책 사이에 여행지에서 만난 고양이를 주제로 한 사진엽서와 오래된 사진 액자 등은 여행에 대한 향수를 불러일으킨다.
아래 우측_이곳에서도 고양이 사랑은 변함이 없다. 고양이는 일본에서 가장 사랑받는 동물이 아닐까 싶다.

노마드에 있는 책들.
아기자기하고 예쁜
일러스트레이션
등으로 꾸며진 책들이
많았다. 제본이나
장정이 특이한 책과
해외서적 비중도
높았다.

가이드북, 지도책, 여행기 등과 함께 문학, 음악, 영화, 사상, 요리, 스포츠, 정치, 종교 등의 장르라도 어딘가 여행의 기분을 느낄 수 있다고 생각하면 책방에 진열해놓는다고 한다. 책 선정의 틀을 느슨하게 풀어놓고 손님이 관심을 보이는 책을 더 갖다놓거나 좋은 반응을 얻으면 시리즈 이벤트를 개최한다.

가와타 씨가 생각하는 여행서점은 삶의 일부이며 라이프 스타일 자체다. 일본에서는 여행을 일상으로부터 해방이라고 많이들 생각하는데 이런 부분을 서구처럼 여행이 일상의 일부가 되는 방향으로 바꿔보고 싶단다.

이런저런 얘기를 나누다보니 문득 한국 노래들이 줄지어 나오고 있는 것을 깨달았는데, 알고보니 한국을 무척 좋아해서 일과 후 한국 드라마 보는 것이 취미란다. 1년에 한 번씩은 꼭 한국에 가는데 이제까지 서울, 광주, 전주, 부산, 제주도, 안동 등에 가봤다고 한다.

도쿄에만 매년 십여 개 이상의 새로운 서점이 생겨나고 또 사라지지만 여행 관련 책방으로서의 전문성에 자부심을 가지고 있었다. 그의 '여행'이 계속되기를 바란다.

· book store ·

☞ *mini interview*

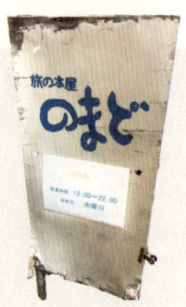

이곳의 이름에 대해 설명해주세요.

📖 '노마드'는 영어로 유랑민이라는 의미입니다. 여행서점이라는 이미지와 딱 맞다고 생각해 이 이름을 붙였습니다.

이 설문에 참가해주시는 분을 소개해주세요.

📖 점장인 가와타 마사카즈입니다.

이곳만의 특별한 점은 무엇입니까?

📖 여행책(기행책, 가이드북)을 중심으로 여행에 관련된 이러저러한 잡지, 서적을 취급하고 있습니다. 자비출판 여행책이나 해외의 프리페이퍼(무가지)도 취급합니다.

이 다음에 방문하면 좋은 곳을 추천해주세요. (서점이나 책과 관련한 곳이면 좋겠습니다.)

📖 한국에 관련된 책을 다루는 북카페 책거리를 추천하고 싶습니다.

音羽館

OTOWA-KAN
오토와칸

- 주소 : 도쿄도 스기나미구 니시오기키타 3-13-7(니시오기쿠보역 북쪽 출구에서 5분)
  東京都 杉並区 西荻北 3丁目-13-7 (〒167-0042)
  Tokyo-to Suginami-ku Nishiogikita 3Chome-13-7
- 영업시간 : 12:00~23:00 (화요일 휴무)
- 특징 : 아트, 문학, 사상서 등 인문서 위주로 취급

위_책방 전경. 간판이나 차양막이 있어야 될 자리에 조명을 설치해 외부에 진열해놓은 책장을 은은하게 비춘다. 들어서기 전부터 차분해지는 느낌이다.
아래_입구 옆에는 전시, 연주 등 예술 관련 팸플릿과 자료들을 모아놓았다.

리틀 진보초라고 불리는 스기나미구에서 만난 첫 번째 책방이었다. 책방 양쪽으로 두 개의 문이 있고, 규모가 있는 편이다. 점주인 유이치 히로세 씨의 취미가 음악 감상이라서 책방 이름에 音(소리 음)을 넣었다고 한다. 羽(깃 우)는 깃털, 날개라는 뜻도 있지만 오음(五音)의 하나로 가장 맑은 음을 나타내기도 한다. 책방 이름에서 점주가 꿈꾸거나 소중히 여기는 가치 등이 느껴져 뜻을 알게 되면 사뭇 진지해진다.

히로세 씨는 25세 때부터 책방에서 일했다고 한다. 10년을 일한 뒤 니시오기쿠보에서 자신의 책방을 시작했다. 가게 문에는 책을 보는 소녀 그림이 그려져 있는데 이곳의 마스코트인 '오토와 짱'인 모양이다. 이를 비롯해 책방 안 군데군데 걸린 그림들은 사모님 솜씨라고 한다.

서점 앞에도 책장을 내놓아 오가는 사람들도 책을 편하게 볼 수 있게 했다.

왼쪽_책방에 들어서면 좌우로 책장이 있는데 책표지가 잘 보이게 꽂아놓아 손길이 한 번 더 갈 법하다.
오른쪽_우연인지 모르겠지만 서점 가까이에는 늘 꽃집이 있었다. 그래선지 서점 안에서도 꽃을 종종 볼 수 있었다.

· book store ·

정갈하게 관리한 마룻바닥에서는 비누향 같은 상쾌한 향이 난다. 책장이 빼곡하게 들어서 있고 걸을 때면 삐걱이는 소리가 나지만 향기 때문인지 압도되지 않고 오히려 편안하게 느껴진다.

주로 취급하는 도서는 인문서다. 외에도 사진집, 영화·연극책, 문학서, 만화책, 문고본 등 다양한 종류의 새 책과 헌책을 보유하고 있다. 책의 양이 어마어마하다. 얼핏 가늠해봐도 수천 권은 되어 보인다. 책들은 책장에 진열된 것 외에도 바르게 누워 있거나 옆으로 켜켜이 쌓여 있다. 책 외에 음악 CD들도 있다. 일본에서는 여전히 CD나 DVD를 많이 사서 듣고 본다고 한다.

주인장은 우리가 준비해간 일본어로 된 질문지를 보더니 '이제 유명해지는 거냐'며 웃었다.

대화 도중 우리 뒤에서 책을 보던 여자 분을 소개받았는데 얼마 전 도쿄의 서점 탐방에 관한 책을 쓴 저자였다(우측 위). 우리가 준비해간 자료북을 보여주니 '스고이~ 스고이~'를 연발했다. 이메일로 궁금한 점을 질문해도 되냐고 물었더니 흔쾌히 허락했다.

서점 주인, 작가 분과 대화하는 사이에도 꽤 많은 손님들이 오토와칸을 들고나갔다.

☞ *mini interview*

이곳의 이름에 대해 설명해주세요.

📖 제 취미가 음악 감상입니다. 그래서 가게의 이름에 '오토', 즉 소리라는 (뜻의) 일본어 문자를 넣어봤습니다.

이 설문에 참가해주시는 분을 소개해주세요.

📖 유이치 히로세, 점주입니다. 25세 때부터 도쿄도 마치다시의 고서점에서 10년 동안 (일을) 배웠습니다. 35세 때인 2000년에 니시오기쿠보에서 가게를 시작했습니다.

이곳만의 특별한 점은 무엇입니까?

📖 인터넷이나 도내 주변과 비교해봐도 확실히 가격을 저렴하게 설정하고 있습니다. 또 아트, 문학, 사상 같은 인문서 중심의 책을 갖추고 있습니다.

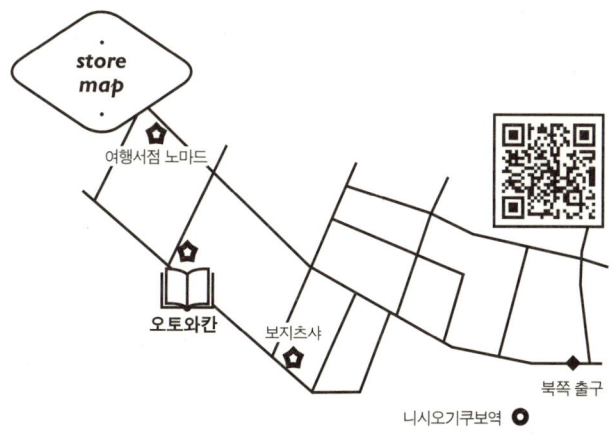

· book store ·

よるのひるね

Yorunohirune
요루노히루네

- 주소 : 도쿄도 스기나미구 아사가야키타 2-13-4, 1층 (아사가야역 북쪽 출구에서 2분)
  東京都 杉並区 阿佐谷北 2丁目-13-4, 1階 (〒166-0001)
  Tokyo-to Suginami-ku Asagayakita 2Chome-13-4, 1F
- 영업시간 : 18:30~26:00 (화요일 휴무)
- 특징 : 밤에만 영업. 서브컬처 계열의 만화나 자체 출판물인 화집, 도감 등 취급

🏠 www.yoruhiru.com | yoruhiru.jugem.jp
🐦 @yorunohirunepro
f www.facebook.com/夜の午睡

입구에 매달 행사나 이벤트를 표시한 달력을 붙여놓는다.

재래시장 안에 위치한 지은 지 50년이 넘은 고풍스러운 외관의 북카페이면서 바이기도 한 공간이다. '요루노히루네'는 '밤에 자는 낮잠'이라는 뜻이다. 응? 밤에 자는 낮잠이라니. 독특한 외관에 해마 모양의 간판하며, 행사나 일정이 적혀 있는 종이 달력을 외벽에 붙여놓는 등 무언가 총체적으로 호기심을 자극하는 곳이다.

단골이 아니라면 선뜻 문을 열기 어려울 것 같은 느낌인데 혼자나 둘이 찾아오는 여성 손님들이 많다고 한다. 저녁에만 영업하는 곳으로 영업 시간 조금 전에 방문했는데 영업 시작 전이라 난감해하다가 준비해간 질문지를 보여주고 설명하니 선뜻 구경해도 좋다고 했다.

이곳이 유명해진 이유 중 하나인 곤충 요리를 주제로 한 이벤트를 부정기적으로 개최한다고 하는데 기회가 된다면 꼭 참석해보고 싶다. 해마가 그려진 삼각형의 간판 아래 문을 열고 내부로 들어가봤다.

내부는 쇼와 시대(1926~1989년)의 향수를 자극하는 레트로 물품들과 서브컬처, 화집, 도감 등의 눈길을 자극하는 책들이 매우 어지럽게 쌓여 있다. 가게 오른쪽의 바 옆쪽으로는 작은 테이블들과 의자가 있는데 역시 만화책이 쌓여 있다.

위_바에 앉아서 술을 마시며
만화책을 볼 수 있게 해놓았다.
아래_주인장이 좋아하는 책들은
특별히 잘 보이는 자리에
진열해두었다.

북카페이자 바답게 다양한 술병들이 늘어서 있는 찬장이
있다. 점주는 가도카 가쓰히코 씨인데 매우 친절히 대해
주었고 (전설적인 만화가의 책도 선물로 주었다!) 우리의
취지를 설명하니 한국에도 이런 형식의 만화책 북카페가
있는지 거꾸로 물어왔다.

시장과 어울려 있는 책방의 모습이 이색적이었다.

역시 해마가 그려진 사인sign물.
전에 가게에서 해마를 키웠다고
하는… 믿지 못할 이야기를 들었다.

가쓰히코 씨가 자체적으로 만드는 출판 브랜드 '요루히루프로'에서 나온 독특한 모양새의 책들도 진열되어 있다. 곤충 요리 이벤트처럼 독특한 수업도 개최한다. 일례로 도자기를 옻과 금으로 보수하는 수업의 준비물에 '균열이 있는 도자기를 지참하시기 바랍니다'라는 식이다. 그런데 수업하는 선생은 옻칠에 관한 만화를 그린 작가라고 한다(!).

도쿄 책방을 탐방하면서 이들의 참신함에 놀라는 경우가 종종 있는데 그 원천이 덕후 기질이라는 생각을 다시 한번 하게 해준 공간과 사람이었다.

· book cafe ·

☞ mini interview

이곳의 이름에 대해 설명해주세요.

📖 밤에만 여는 가게라서…. 낮잠을 자는 듯 느슨한 기분으로 부담 없이 들렀으면 좋겠다는 마음에서 지었습니다.

이 설문에 참가해주시는 분을 소개해주세요.

📖 점주이자 경영자

이곳만의 특별한 점은 무엇입니까?

📖 커피와 주류 등을 판매합니다.

이 다음에 방문하면 좋은 곳을 추천해주세요(서점이나 책과 관련한 곳이면 좋겠습니다).

📖 대만 타이페이의 '망가시크'(대안서점)

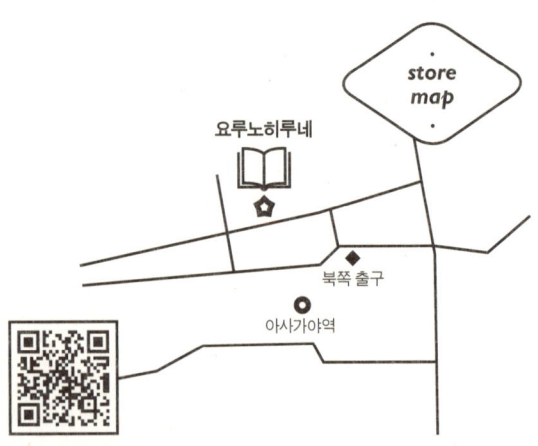

URESICA

ウレシカ
우레시카

- ◆ 주소 : 도쿄도 스기나미구 니시오기키타 2-27-9 (니시오기쿠보역 북쪽 출구에서 8분)
  東京都 杉並区 西荻北 2丁目-27-9 (〒167-0042)
  Tokyo-to Suginami-ku Nishiogikita 2Chome-27-9
- ◆ 영업시간 : 12:00~19:00, 운영시간이 부정기적이라 스케줄은 홈페이지에서 확인
- ◆ 특징 : 그림책을 소개하는 책방 겸 문구숍. 갤러리와 자체 프리마켓도 운영

🏠 www.uresica.com
🐦 @uresica
f www.facebook.com/uresica

여행서점 노마드 점주가 추천해준 곳으로 노마드에서 10분가량 걸어서 가거나 니시오기쿠보역에서 찾아갈 수 있다. 새하얀 외관부터 가게 밖의 간판 등 장식 소품들이 너무 예뻐 단박에 마음을 뺏겨버렸다. 우레시카라는 이름은 '기쁘다'라는 말인 '우레시이'의 규슈 사투리인 '우레시카'에서 왔다. 서점 주인의 부인이 규슈사람이라고 한다. 우레시카는 그림책이나 책을 중심으로 다양한 장르와 작가의 작품을 소개, 판매하고 있다. 책방과 잡화점, 갤러리를 겸하는 공간으로 2주에 한 번 책이나 그릇, 핸드메이드 제품 등으로 바꿔가며 전시한다.

서점 안으로 들어서니 예쁜 그림책에서부터 엽서와 그림 등 고양이 관련 문구류가 눈에 띄었는데 홈페이지 소개를 보니 서점 스태프가 고양이 집사인 듯 싶었다.

우레시카의 아이덴티티인 사슴 심볼은 협업하고 있는 크리에이터인 디자인 에이전시 오카단 그래픽 사무소의 작품이다.

번화가를 제외한 일본의 가게들은 간판이 크지 않다. 자세히 보지 않으면 놓치기 쉽지만 귀여운 것을 발견하는 재미도 안겨준다.

책장이 마주보고 있는 서가 안으로 들어가면 아늑한 느낌이 절로 든다.
쪼그려 앉아서 책장 아래부터 찬찬히 그림책을 넘기면 아이가 되는 마법이 펼쳐질 것 같다.

일본어로 しか시카는 '사슴'이라는 뜻인데 우레시카의 'SICA'는 사슴과는 관계가 없지만 작품을 보는 순간 '이것이다!'라는 생각이 들어 사용허락을 구했더니 흔쾌히 허락했다고 한다.
우레시카 홈페이지의 크리에이터 목록에는 오카단 그래픽 사무소를 비롯, 여러 아티스트가 책, 그림, 공예 작품, 소품, 문구류 등을 다양하게 협업하고 있었다.
우레시카의 공간 배치를 이루는 모든 요소들은 유기적으로 연결되어 있다. 하나의 책 또는 물건, 그림 등을 시작으로 지속적으로 연결되어 손님의 호기심을 자극한다. 단순히 책이나 물건을 사고 파는 장소가 아니라 비슷한 취향을 가진 사람들이 연결되어 우레시카를 중심으로 커뮤니티를 형성해나가는 일종의 '살롱'이 된다. 우레시카가 지향하는 장소의 개념이다.

· book store ·

위_우리가 방문했을 때는 핸드메이드 도자기 제품을 전시하고 있었다.
아래_앙증맞은 소품과 장식품 등이 조로록 놓여 있는 게 일본인이 아니라도 '가와이(귀여워)'를 연발하게 만든다.

위_전시품과 안내 팸플릿, 서가와
책을 볼 수 있는 테이블이 더없이
조화롭다.
아래_아름다운 동화책의 표지가
잘 보이게 책장에 바로 세워져 있다.

· book store ·

위_전시공간은 흰 벽과 희게 칠한 나뭇바닥 사이로 따뜻한 간접조명이 비춰 편안하게 작품을 보게 해준다.
아래_갤러리 공간에는 도자기와 그림이 함께 전시 중이었다.

☞ *mini interview*

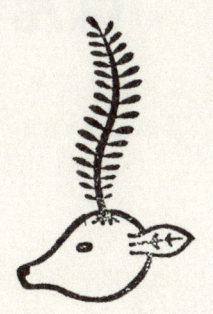

이곳의 이름에 대해 설명해주세요.
📖 규슈 사투리로 우레시이(기쁘다)를 우레시카라고 말합니다. 아내가 규슈 나가사키 출신입니다.

이 설문에 참가해주시는 분을 소개해주세요.
📖 다이 고바야시, 우레시카 점주입니다. 재미있는 그림책을 소개하고 싶습니다.

이곳만의 특별한 점은 무엇입니까?
📖 인갤러리를 겸하고 있습니다. 2주에 한 번 책이나 그릇, 브로치 등을 전시하고 있습니다.

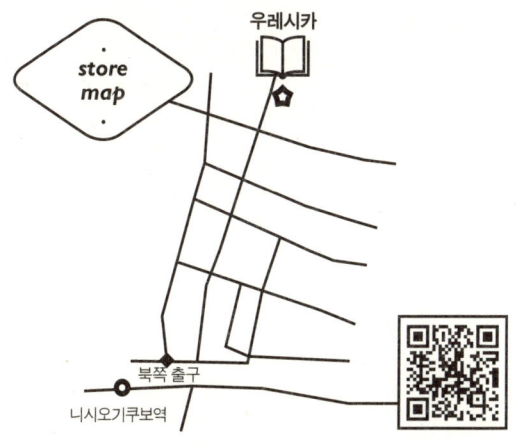

· book store ·

えほんやるすばん
ばんするかいしゃ

Ehonya Rusuban Bansuru Kaisha
그림책 서점 루스방

◆ 주소 : 도쿄도 스기나미구 고엔지미나미 3-44-18 2층 (고엔지역 남쪽 출구에서 10분)
   東京都 杉並区 高円寺南 3丁目-44-18 2階 (〒166-0003)
   Tokyo-to Suginami-ku Koenjiminami 3Chome-44-18 2F

◆ 영업시간 : 14:00~20:00 (수요일 휴무)

◆ 특징 : 그림책 전문. 일본 국내외 그림책, 월트 디즈니 등 서양 그림책도 다수 취급

🏠 www.ehonyarusuban.com | blog.goo.ne.jp/nabusuraynohe
🐦 @ehonya_rusuban
ⓕ www.facebook.com/ehonya.rusuban
📷 www.instagram.com/ehonya_rusuban

책방 전체의 모습. 이 좁은 공간 안에 다양한 보물들이 숨어 있었다.

니시오기쿠보에는 독특한 콘셉트를 가진 책방이 많은 듯하다. 여행, 그림책, 갤러리 등등. 그림책 서점 루스방은 서점 이름에서부터 '그림책'을 표방하는 그림책 전문 책방이다.

절판되거나 중고로 나온 어린이 그림책을 주로 취급하고 1층 갤러리에서 작가와 함께 책을 만드는 전시도 개최한다.

고전적인 붉은 칠을 한 격자무늬 문을 연 후 좁고 턱이 높은 붉은 계단을 따라 올라가면 그야말로 동화 속 다락방 같은 공간이 나온다. 책장마다 그림책이 빼곡히 진열되어 있다.

· book store ·

낡고 멋스러운 외관과 입간판이 잘 어울린다. 다리가 네 개 달린 앤티크한 상자에 담은 중고 그림책을 300~500엔 사이 가격으로 판매하고 있다.

그림책으로 온통 가득한 좁은 공간은 손님이 두세 명만 있어도 붐비는 느낌이다. 오래되어 보이는 유니크한 그림책들이 눈에 띈다. 디즈니 명작 그림책에서부터 일본의 옛 그림책까지 실로 다양하다. 알파벳 순으로 정리되어 있어 외국인도 책을 찾아보기 쉽다.

괘종시계 같은 소품이 있어 책방 자체가 그림책 배경 같은 느낌을 준다. 그림책 가격도 합리적인 편이다. 시간만 허락한다면 아이처럼 주저앉아서 계속 구경하고 싶은 충동을 느꼈다.

루스방은 자체 출판도 활발히 하고 있다. 목록은 홈페이지 온라인 스토어에 자세히 소개되어 있다. 넓지 않은 공간을 짜임새 있게 구성하고 부족한 부분은 온라인 공간을 효율적으로 관리함으로써 채우고 있다.

이 순간만은 모든 것을 잊고 아이처럼 주저앉아 동화책을 읽고 싶은 공간이다.

왼쪽_잘 찾아본다면 어릴 때 읽었던 동화책도 찾아볼 수 있다. 요즘에는
보기 어려운 책을 찾는 재미가 솔솔하다.
오른쪽_중앙 서가를 중심으로 좌우에 진열된 그림책은 언어가 익숙하지
않은 외국인의 시선에도 아름다웠다.
아래_같은 동화책이라도 시간이 지나면서 표지가 달라진 책들을
찾아보는 재미도 있다.

· book store ·

☞ *mini interview*

えほんや
るすばん
ばんする
かいしゃ

이곳의 이름에 대해 설명해주세요.

📖 그림책 서점 루스방▼-망보는 회사.
『루스방-망보는 회사』라는 어린이책의 여운이
좋아서, 거기에 '그림책 서점'을 붙여 서점 이름이
되었습니다.

이 설문에 참가해주시는 분을 소개해주세요.

📖 아라키 준코(스태프)

이곳만의 특별한 점은 무엇입니까?

📖 주로 절판된 그림책, 중고(헌책) 어린이책을
취급하고 있습니다. 1층 갤러리에서 전시를 열어
작가와 함께 책을 제작하는 일도 하고 있습니다.

▼일본어 '루스방'은 '빈집 지키기'와 '빈집 지키는 사람'이라는 뜻을
동시에 지니는데, 빈집을 지켜달라고 의뢰한 회사가 사실 빈집
지키는 아이를 망보는 회사였다는 내용의 책이다.

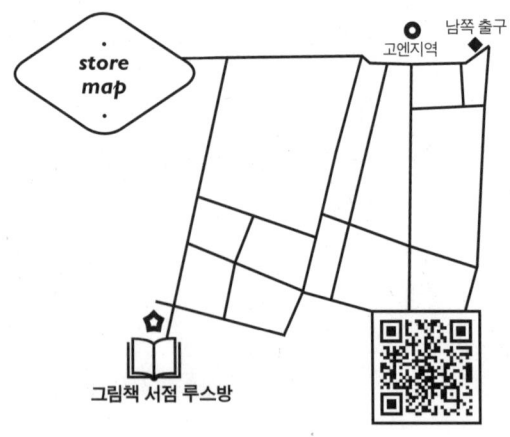

コクテイル書房

Cocktail Books
칵테일 서점

- 주소 : 도쿄도 스기나미구 고엔지기타 3-8-13 기타나카도리 쇼텐가이
  (고엔지역 북쪽 출구에서 10분)
  東京都 杉並区 高円寺北 3丁目-8-13 北中通り商店街 (〒166-0002)
  Tokyo-to Suginami-ku Koenjikita 3Chome-8-13 Kitanaka-dori shopping street
- 영업시간 : 11:30~15:00, 17:00~23:00 (화요일, 둘째 넷째 월요일 휴무)
- 특징 : 음식과 에도문화에 대한 책. 문사요리로 유명

🏠 www.koenji-cocktail.com
🐦 @cocktail_books
ⓕ www.facebook.com/cocktail2013

· book cafe ·

2층에 있는 다다미 방에는 오래된 책들을 보관 중이었다.

코엔지역 북쪽 출구로 나와 센트럴 로드를 따라 걸어가다 보면 왼쪽에 눈에 띄게 오래되어 보이는 목조주택이 나오는데 이곳이 칵테일 서점이다. 한 눈에 책방임을 알 수 있게 가게 바깥에 서가를 늘어놓았고 고서가 진열되어 있지만 그것만으로는 정체(?)를 알 수 없어 격자무늬 창 너머로 들여다보는 사람도 있다. 점주는 부부인 가노 씨와 가오리 씨. 이곳은 문사요리文士料理*로도 유명한데 이들 부부는 『문사요리입문』이라는 책도 냈다. 문사요리 레시피만도 100가지가 넘는다고 한다.

칵테일 서점이 자리한 목조건물은 다이쇼 시대(1912~1926년) 건축물을 개조한 것이다. 가게 안에는 낡아 보이는 물건들로 가득했는데 오래된 물건들을 좋아해서 모으다보니 가게를 꽉 채울 지경이 됐단다.

*소설이나 에세이 등의 문학작품에 나오는 요리 레시피를 재현한 것.

옛 물건을 좋아하는 주인 부부의 손길이 닿은 카페 여기저기의 소품들

안쪽으로 더 깊숙이 들어가면 좌식 룸이 있어 신발을 벗고 편히 앉아 있을 수 있는 공간이 있다. 이곳도 역시 좌석 양쪽으로 책들이 빼곡히 진열되어 있다. 음식에 관련된 동서의 고서가 많았는데 부디 일본어에 능해서 모두 읽어봤으면 싶을 정도로 호기심을 자극하는 모양새와 내용이었다.

홀의 긴 바 앞에는 문고본의 헌책들이 일렬로 줄지어 서 있고 재즈풍의 음악이 흐른다. 잘은 모르겠지만 옛 일본 전통 술집에 앉아 있는 듯했다.

매장은 헌책을 판매하고 앞서 얘기한 문사요리 이벤트와 낭독, 재즈 라이브 등의 행사가 부정기적으로 열리는데 트위터를 통해 확인할 수 있다.

저녁 무렵 카페를 막 열었을 때 모습

1층에 위치한 바에 앉아 술과 책을 같이 즐길 수 있다.

다다미 방에 앉아서 진지하게 책을 읽고 싶은 사람에게는 2층으로 올라가보길 추천한다.

☞ *mini interview*

이곳의 이름에 대해 설명해주세요.
📖 콕테루의 옛말이자 방언, 코쿠테이루에서 땄습니다. 물건이나 사람이 섞여 만나는 장소가 되면 좋겠다고 생각해 이 이름으로 했습니다.

이 설문에 참가해주시는 분을 소개해주세요.
📖 가리노 슌, 점주입니다.

2층으로 올라가는 계단 뒷편에도 작은 테이블을 두어 앉을 수 있게 해놓았다.

store map

칵테일 서점

북쪽 출구
고엔지역

· book cafe ·

Title

타이틀 북스

◆ 주소 : 도쿄도 스기나미구 모모이 1-5-2 (오기쿠보역 북쪽 출구에서 15분)
　　　東京都 杉並区 桃井 1丁目-5-2 (〒167-0034)
　　　Tokyo-to Suginami-ku Momoi 1Chome-5-2
◆ 영업시간 : 12:00~21:00 (매주 수요일·셋째 화요일 휴무)
◆ 특징 : 문학, 철학, 예술, 사회, 그림책 등 생활에 관련된 모든 책 취급

🏠 www.title-books.com
🐦 @title_books

책방 안의 전체적인 모습

니시오기쿠보에는 매력적인 책방이 많다. 기존에 있는 곳들이 새로운 것을 끊임없이 잡아당기는 느낌이다. 앞서 니시오기쿠보가 리틀 진보초라고 했는데 말 그대로 우직한 부모 같은 전통적인 책동네 진보초가 있다면 니시오기쿠보는 아이디어 넘치는 자식 같은 느낌이랄까.

타이틀 북스 또한 시대의 흐름에 맞춰 영리하게 책방을 운영하는 곳이다. 우레시카에서 하천을 따라 20분 정도 걸어가면 되는데 책방 이름이 파란색의 차양막에 크게 써 있어 찾기 어렵지 않다. 오래된 민가를 개조해 2층으로 구성된 곳이다.

점주인 요시오 츠지야마 씨는 고베 출신으로 오랫동안 책의 주변부에서 일하다 타이틀 북스를 만들게 되었다. 로고와 일러스트레이션, 간판은 히로시마 출신의 화가인 나카반nakaban▼ 씨가 그려주었다고 한다.

▼'여행과 기억'을 주제로 개인 작품, 출판 삽화, 그림책, 영상 작품 등을 만드는 아티스트(www.nakaban.com)

· book store ·

타이틀 북스 초기의 서가 모습. 요시오 츠지야마 씨가 제공해주었다.

1층은 서점과 카페, 2층은 갤러리로 운영하는데 요시오 씨는 이런 서점이 자신이 사는 마을에 있으면 즐거울 것 같다는 생각으로 만들었다. 또한 책에 관한 일이라면 뭐든지 하고 싶다고 한다.

요시오 씨는 최근 『서점, 시작했습니다』라는 책을 출간했는데 관련 강의도 여러 군데에서 하고 있다. 다른 책들 저자를 초대하여 토크 이벤트 등을 열어 책과 깊게 만날 수 있는 기회를 제공하려고 한다. 2층의 갤러리는 전시 이외에 독서회 및 워크숍 장소로 빌려주기도 하고, 작은 벼룩시장 등도 부정기적으로 개최한다. 그 외에도 책방의 오리지널 상품을 만드는 등 책으로 할 수 있는 새로운 것을 찾아 끊임없이 시행하고 있다.

타이블 북스에서 특히 신경 쓰고 있는 것은 사람을 '잘' 살아갈 수 있도록 하는 것이다. 문학과 철학, 예술, 사회, 그림책 등 '다양한 일상의 장면들에서 사람을 사람답게 해주는 책, 그런 책은 무엇일까'라는 고민이 책방에 녹아들어 있다.

책방 홈페이지 메인 화면에는 매일 책 속의 한 줄을 바꿔가며 게재하는데 일상을 소중히 하는 책방의 철학이 담겨 있는 운영방식인 것 같다.

☞ *mini interview*

이곳의 이름에 대해 설명해주세요.
📖 타이틀. 책을 펼치면 처음으로 만나는 글자로, 물건의 최초라는 의미

이 설문에 참가해주시는 분을 소개해주세요.
📖 점주입니다.

이곳만의 특별한 점은 무엇입니까?
📖 독립출판물(리틀프레스), 생활에 도움되는 책

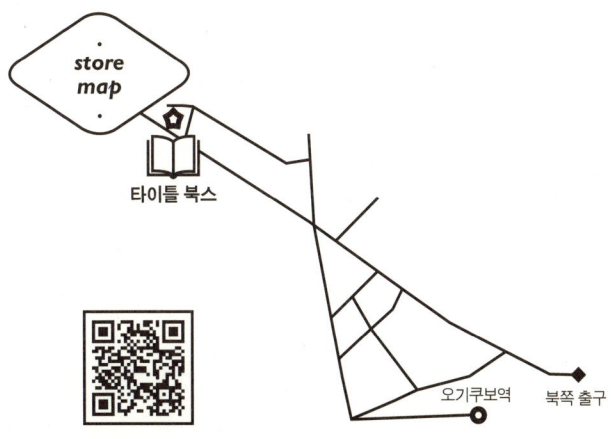

· book store ·

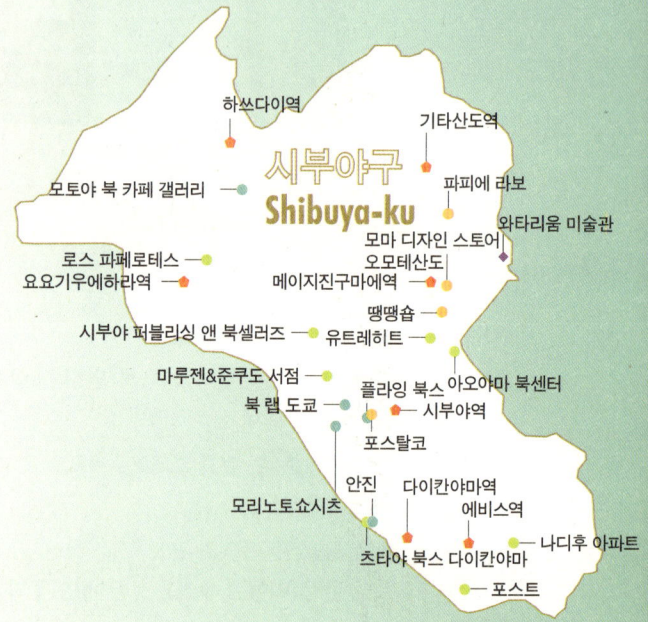

부도심 지역으로 시부야역 주변은 중심업무지구를 형성하고 있다. 주요 지역으로는 다이칸야마, 에비스, 하라주쿠, 히루, 히가시, 오모테산도, 센다가야, 요요기 등이 있는데 대부분 유명한 주거 및 상업 지역으로 꼽힌다. 메이지 신궁, 신주쿠 공원, 요요기 공원 등 도심 녹지 시설이 있다. 무엇보다 시부야구가 유명한 이유 중 하나는 쇼핑과 유흥 시설이 많아서다. 시부야 109, 에비스 가든플레이스, 오모테산도 힐스, 다카시야마 타임스퀘어 등 유행을 선도하는 쇼핑몰이 자리하고 있다. 오모테산도에 즐비한 부티크와 하라주쿠의 쇼핑가는 외국인들이 가장 많이 찾는 곳이기도 하다. 카시오, NHK, 삿포로 맥주 등의 본사와 구글, 코카콜라, 마이크로소프트, KFC 등의 일본 지사가 시부야구에 위치한다.

시부야 에비스 오모테산도

C. 시부야구

NADiff A/P/A/R/T

나디후 아파트 (에비스 본점)

- 주소 : 도쿄도 시부야구 에비스 1-18-4 NADiff A / P / A / R / T 1층
  (에비스역 1번 출구에서 8분)
  東京都 渋谷区 恵比寿 1丁目-18-4 NADiff A / P / A / R / T 1階 (〒150-0013)
  Tokyo-to Shibuya-ku Ebisu 1Chome -18-4 NADiff A / P / A / R / T 1F
- 영업시간 : 12:00~20:00 (월요일 휴무, 월요일이 공휴일인 경우 다음날 휴무)
- 특징 : 현대 미술, 사진에 관한 국내외의 서적을 중심으로 아트 상품 등도 취급

www.nadiff.com
@NADiff_apart
www.facebook.com/NADiff-apart-384766371605624

하얗고 높은 천정 아래로 여러 다양한 장르의 책들이 즐비하게 놓여 있다. 평일 낮시간대에도 찾는 이들이 많았다. 진열대 위에 책과 문구류 등이 오밀조밀하게 있다.

나디후는 도쿄 이케부쿠로에 처음 설립되었고, 1997년 세이부 미술관의 뮤지엄숍 '아트 비반트Art Vivant'를 리뉴얼하면서 1997년 오모테산도에 '나디후NADiff'를 설립하게 되었다. 'NADiff'는 'New Art Diffusion'을 줄인 이름으로 새로운 예술의 확산이라는 의미다.

나디후 아파트의 통유리로 된 외관이 화사하다.

나디후는 도쿄도사진미술관, 도큐 분카무라, 도쿄 오페라시티 등을 비롯해 지방의 미술관, 문화시설 등에 뮤지엄숍을 개설해왔다. 미술관·박물관 등 각 거점마다 다른 특색을 가진 숍을 여는 시도를 해왔다. 2008년에는 오모테산도에 있던 본점을 에비스로 이전해 'NADiff A / P / A / R / T'라는 이름으로 현재의 예술과 관련된 상품, 이벤트, 전시 기획 등을 지속적으로 하고 있다.

· book store ·

볕이 잘 드는 창가 쪽에
진열되어 있는 책들

2층 갤러리로 올라가는 계단에서 바라본 서점의 모습

밖에서 바라본 나디후 아파트의 모습

도쿄 내에서는 나디후 에비스 본점을 비롯해 에비스의 도쿄도사진미술관 내 '나디후 바이텐Nadiff Baiten', 시부야 분카무라의 '나디후 모던Nadiff Modern', 신주쿠 도쿄 오페라시티에 아트갤러리인 '갤러리 파이브Gallery 5' 등을 운영하고 있다. 도쿄 외에도 아이치현, 이바라키현 등에 점포가 있다.

도쿄도사진미술관 내의 '나디후 바이텐Nadiff Baiten'에서는 사진과 영상에 관한 국내외의 서적을 중심으로 전시회 카탈로그, 오리지널 상품을 비롯한 전시회 관련 상품, 고서와 디자인 상품 등을 판매한다.

· book store ·

오른쪽_책방 한쪽 면을 차지한 통유리의
윈도우페인팅이 현대미술의 확산이라는
점포의 아이덴티티를 나타낸다.
아래_한 켠으로 디자인 제품들과
문구류, 다양한 엽서들이 있다.

왼쪽_진열대 위에 엽서부터
각종 음악 CD들이 있다.
오른쪽_점포 바깥쪽 화단을
차지한 귀여운 화분들

도큐백화점의 출자로 설립한 시부야 분카무라는 일본 최초의 복합문화공간을 표방하는데 공연장, 극장 등이 있고 지하공간에 '나디후 모던Nadiff Modern'이 자리한다. 20세기를 중심으로 다양한 미술의 흐름을 전하는 서적과 함께 사진, 영화, 연극, 음악, 건축 등의 서적과 이에 어울리는 아트 상품과 디자인 잡화를 판매한다.
도쿄 오페라시티 아트갤러리인 '갤러리 파이브Gallery 5'는 4개의 전시실을 가진 도쿄 오페라시티 아트갤러리의 다섯 번째 전시실을 의미한다. 전시 관련 상품과 국내외의 최신 아트북과 아트 상품, 디자인 잡화, 각종 액세서리 등을 판매한다.
현대미술의 경향이 궁금하다면 나디후의 어느 매장을 방문해도 시중에서 쉽게 볼 수 없는 현대미술에 관한 서적과 아트 상품, 디자인 잡화, 유니크한 전시 콘텐츠를 즐길 수 있다.

위_크고 투명한 창 덕분에 시원한 공간이라는 인상을 받는다. 서점 한 켠에 2층과 지하로 연결되는 노출 계단이 있다.
아래_아트 상품이 모여 있는 매대에는 사진 엽서, 편지지, 포스터 등이 있다.

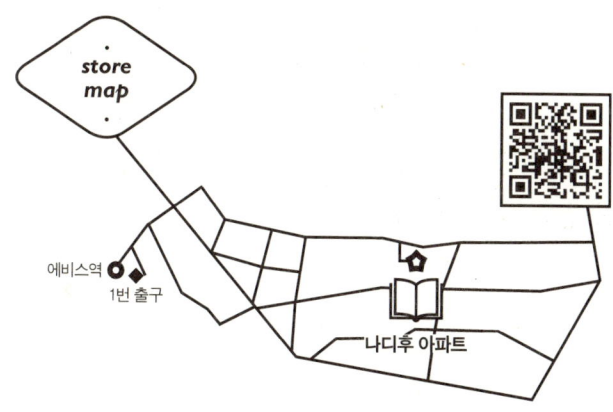

TINTIN Shop

땡땡숍

- 주소 : 도쿄도 시부야구 진구마에 5-12-12 제이윙 왼쪽 1층
  (메이지진구마에역 7번 출구에서 10분)
  東京都 渋谷区 神宮前 5丁目-12-12 J-Wing 左側 1階 (〒150-0001)
  Tokyo-to Shibuya-ku Jingumae 5Chome-12-12 J-Wing left 1F
- 영업시간 : 월~금요일 11:00~19:00, 토~일요일 10:30~19:00
- 특징 : 1930년부터 발간된 그래픽 노블 캐릭터 '땡땡'에 관한 모든 것을 판매

- www.tintin.co.jp | tintinjapan.jugem.jp
- @TINTIN_JAPAN
- www.facebook.com/tintinjapan
- www.instagram.com/tintin_japan

캐릭터 만화로 만들 수 있는 거의 모든 아이디어 제품들이 모여 있다.

땡땡숍은 벨기에의 만화가 조르주 프로스페 레미Georges Prosper Rémi가 1929년 잡지연재를 시작하면서 세계적인 만화 시리즈로 남은 '땡땡의 모험Les Aventures de Tintin'과 관련된 것들을 판매하는 셀렉트숍이다. '땡땡의 모험'은 프랑스의 대통령이었던 샤를 드 골이 "세계에서 나의 유일한 라이벌이 있는데, 바로 땡땡이다"라는 말을 남긴 것으로도 유명하다.

· stationery store ·

왼쪽_'땡땡의 모험' 시리즈의 일본어판을 전시, 판매하는 책장
오른쪽_만화의 표지와 캐릭터를 담은 엽서들

매장의 한쪽에는 '땡땡의 모험' 일본어 번역판이 전시되어 있다. 땡땡과 스노위를 비롯한 친구들을 크고 작은 피규어로 볼 수 있고 열쇠고리, 핸드폰 액세서리, 문구, 의류, 엽서, 티셔츠, 뱃지 등을 취급한다. 의류는 같은 디자인으로 아이용, 남녀용이 각각 있다. 피규어는 1,000엔 정도부터, 의류 등은 3,000엔 정도에 판매하고 있다. 캐릭터숍에 관심 있거나 땡땡의 팬이라면 반드시 체크해야 할 공간이다.

'땡땡의 모험'에 등장하는
캐릭터들의 피규어가
크기별로 다양하게 있다.

오른쪽_땡땡과 스노위가 그려진 카드,
노트 등 문구류가 숍 입구에서 맞아준다.

store map

메이지진구마에역
7번 출구

모마 디자인 스토어 오모테산도

땡땡숍

· stationery store ·

Los Papelotes

古書 ロスパペロテス

로스 파페로테스

◆ 주소 : 도쿄도 시부야구 니시하라 3-4-2 베니야 빌딩 1층 102호
  (요요기우에하라역 북문2 출구에서 1분)
  東京都 渋谷区 西原 3丁目-4-2 紅谷ビル 1階 102戶 (〒151-0066)
  Tokyo-to Shibuya-ku Nishihara 3Chome-4-2 Beniya Building 1F G102
◆ 영업시간 : 12:00~23:00 (화요일 휴무)
◆ 특징 : 생활과 문화 관련 도서, 문학서, 그림책, 사진집 등 헌책 취급

🏠 www.lospapelotes.com
🐦 @lospapelotes

타자기 서체를 연상시키는 감각적인 간판과 외관을 둘러싼 타일 모양 벽, 귀여운 강아지 캐릭터가 산뜻하다.

We Love Books, Like You Do_by Los Papelotes

'종이들'이라는 뜻을 가진 요요기 우에하라의 헌책방. 감각적인 간판과 타일 모양 외관이 눈에 확 들어온다. 나무 미닫이문을 열고 들어서면 옛스러운 복층 구조에 생각보다는 꽤 젊은 점주와 반려견 토로가 함께하고 있다.
책방 안에는 직선으로 가슴까지 오는 책장이 줄줄이 배치되어 있다. 그림책, 디자인, 그래픽 관련 도서 등이 주력으로 놓여 있는데 유니크한 디자인의 과월호 잡지들도 보인다. 그림책 고서점을 꿈꾸던 점주가 반려견 토로와 산책하던 중 지금의 장소를 발견해 서점을 오픈하게 되었다고 한다. 고서 출장 매입도 하고 있다. 내부 촬영은 금지되어 있으니 삼가하길 바란다.

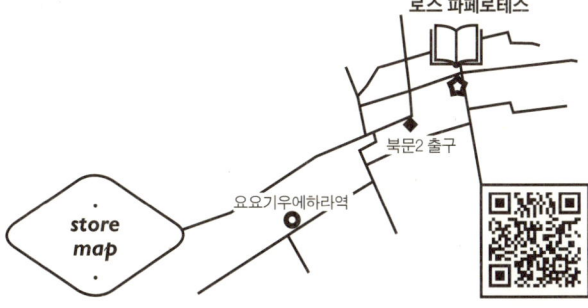

· book store ·

森の図書室
MORI NO TOSYO SHITSU

모리노토쇼시츠(숲의 도서관)

- ◆ 주소 : 도쿄도 시부야구 마루야마초 5-3 하기와라 빌딩 3층
  (시부야역 2번 출구에서 10분)
  東京都 渋谷区 円山町 5-3 萩原ビル 3階 (〒150-0044)
  Tokyo-to Shibuya-ku Maruyamacho 5-3 Hagiwara Building 3F
- ◆ 영업시간 : 일~목요일 11:00~17:00, 18:00~24:00 금~일요일·공휴일 11:00~17:00,
  18:00~26:00 (휴일은 부정기적)
- ◆ 특징 : 도서 대여 가능. 회원제로 운영되지만 비회원도 방문 가능

🏠 morinotosyoshitsu.com
🐦 @morinostaff
f www.facebook.com/morinotosyoshitsu

벽을 따라 책이 가득 채워져 있고, 바로 앞에 앉아서 책을 볼 수 있다. 테이블이 바 형태라서 혼자 가더라도 부담 없이 술을 홀짝이며 책을 볼 수 있다.

모리노토쇼시츠는 책을 읽거나 빌릴 수 있으며, 술을 마실 수도 있는 곳이다. 강요나 의무감으로 하는 독서가 아니라 왠지 모르게 책을 손에 들고 읽고 싶어지는 친구의 집 같은 편안한 공간을 목표로 하고 있다.

'포레스트 북스'로 알고 찾아갔는데 'Forest'는 보이지 않았고 '森'만 쓴 간판이 있는 걸 보고 찾을 수 있었다. 엘리베이터를 타고 올라가면 하얀 복도에 일본어로 적힌 상호가 보인다. 겨우 찾아 문을 여니 눈앞에 책장이 있어서 당황했는데 벨을 누르니까 책장이 옆으로 밀리면서 카페 공간이 마술처럼 나타났다. 마치 비밀 아지트 같다.

입장료 1,000엔을 내면 책을 보면서 술이나 음료를 마실 수 있다. 내부는 노출 콘크리트로 되어 있고, 나무 소재 선반이 벽을 가득 채우고 있다. 재즈풍의 잔잔한 음악이 크게 들리고 내부는 전체적으로 어두운 느낌이었지만 테이블마다 조명이 있어 책읽기에는 무리가 없다.

비밀스러운 길다란 동굴에 편안히 앉아 책을 보는 기분이 들어 책읽기가 휴식처럼 느껴졌다.

· book cafe ·

아주 긴 기역자 구조의 모리노토쇼시츠에는 긴 벽을 따라 책장이 길게 놓여 있다. 그 안에는 아주 오래된 고서부터 신간 서적까지 다양하게 비치되어 있다. 끄트머리 벽면은 진열대처럼 아예 책으로 가득 채워놓았다. 전체 조명보다는 부분 조명을 활용해 아늑한 느낌을 자아낸다.

이곳을 방문한 이들이 남긴 메모가 빼곡하게 붙어 있었다. 시간을 내서 읽어보고 싶다.

☞ *mini interview*

이곳의 이름에 대해 설명해주세요.
📖 오너의 이름이 '모리(숲)'라서 '책'과 '숲'을 섞어 '숲의 도서관'이 되었습니다.

이 설문에 참가해 주시는 분을 소개해주세요.
📖 구도 요시타카입니다. 이 서점의 점장으로 홍보 등을 담당하고 있습니다.

이곳만의 특별한 점은 무엇입니까?
📖 책 대출을 할 수 있고, 서점의 특별한 회원에게 친숙하게 대합니다. 책에서 영감을 얻은 메뉴를 두루 갖추고 있습니다.

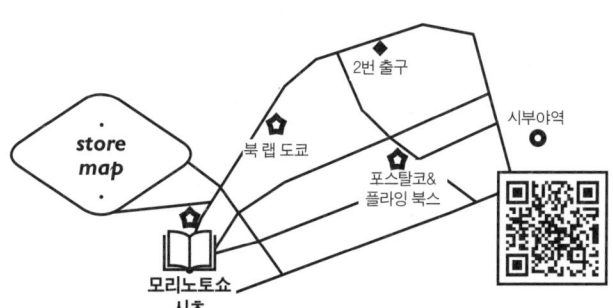

· book cafe ·

MoMA Design Store
_Omotesando

모마 디자인 스토어 오모테산도

- 주소 : 도쿄도 시부야구 진구마에 5-10-1 기레 빌딩 3층 (메이지진구마에역 7번 출구에서 10분)
  東京都 渋谷区 神宮前 5丁目-10-1 GYRE ビル 3階 (〒150-0001)
  Tokyo-to Shibuya-ku Jingumae 5Chome-10-1 GYRE Building 3F
- 영업시간 : 11:00~20:00 (연중 무휴)
- 특징 : 현대예술과 디자인 작품을 응용한 아이디어 상품 판매

🏠 www.momastore.jp
🐦 @momadesignstore
ⓕ www.facebook.com/momadesignstorejapan/

완벽한 요리의 완성을 위한 디자인 상품들 코너다. 단순한 상품의 구분이 목적이 아닌 주제가 있는 큐레이션을 한다.

The Museum of Modern Art_by MoMA

메이지진구마에역을 나와 명품숍이 즐비한 오모테산도의 거리를 아이쇼핑을 하며 걷다 보면 샤넬 매장이 있는 기레 빌딩 3층에 모마 디자인 스토어 오모테산도가 있다. 뉴욕 맨해튼 53번가의 현대미술관MoMA의 디자인 스토어가 뉴욕 이외에 문을 연 첫번째 장소다. 현대 아트&디자인 관련해서 나오는 모든 상품 중 엄선한 제품들을 들여오기 때문에 제품의 유니크함, 디자인, 제작 퀄리티는 보장할 만하다.

현대미술을 차용한 디자인은 '어떻게 이런 생각을 하지?'라고 반문할 정도로 재미있고 특이한 아이디어가 돋보이는 상품들이 많다. 제품 종류는 매우 다양해서 기본적인 생활용품에서부터 문구 및 필기구, 노트류, 리빙 종류인 조명, 식기 등과 함께 스케이트 보드 등 스포츠 관련 제품도 있다.

위_매장 한쪽 벽면을 차지하는 아트북 코너. 디자인과 제본이 독특한 출간물이 많이 보였다.
아래_상단에 로이 리히텐슈타인의 작품집과 캐릭터를 이용한 상품들과 중앙의 우키요에를 이용한 컬러링북이 인상적이었다.

앤디 워홀 같은 작가나 우키요에를 주제로 한 코너 등 주제별 코너에서 선물하기에 좋은 제품들을 찾을 수 있으며 포장 서비스로 제공한다.
오모테산도의 1호점에 이어 교토에 2호 매장이 2017년 5월 19일 개장했다. 개장 기념으로 교토 매장에서만 구입 가능한 제품을 한정 판매한다고 한다. 교토 한정 오리지널 부채가 탐난다면 여행 시 들러보길 바란다.

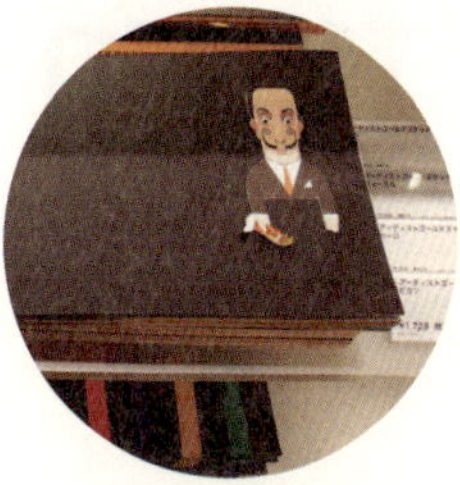
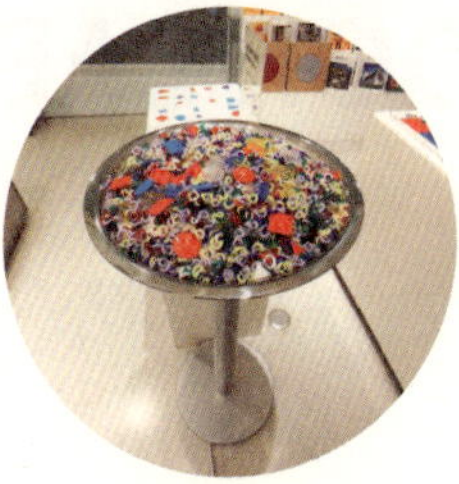
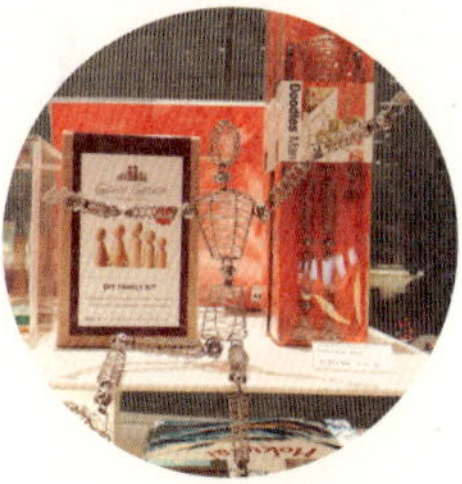
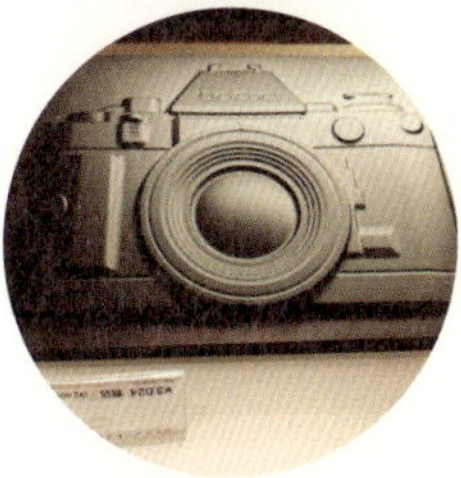
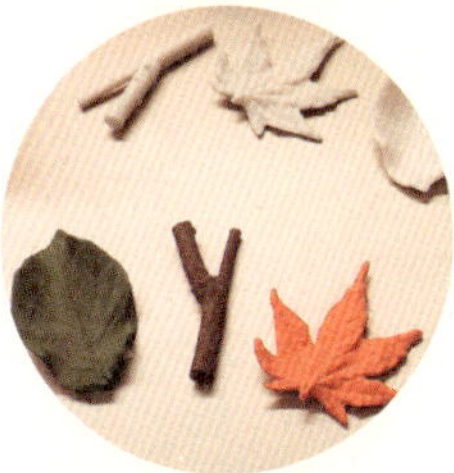
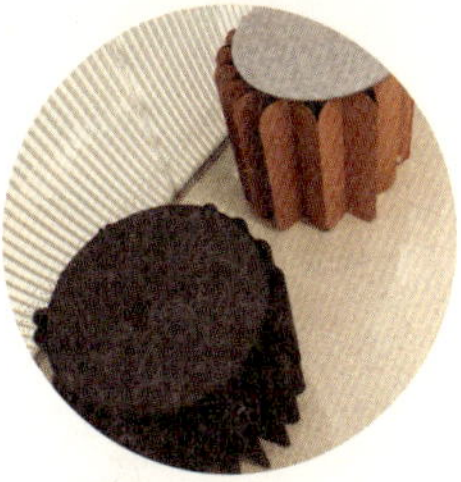
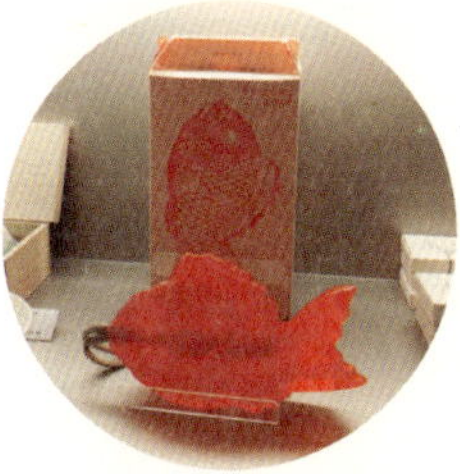
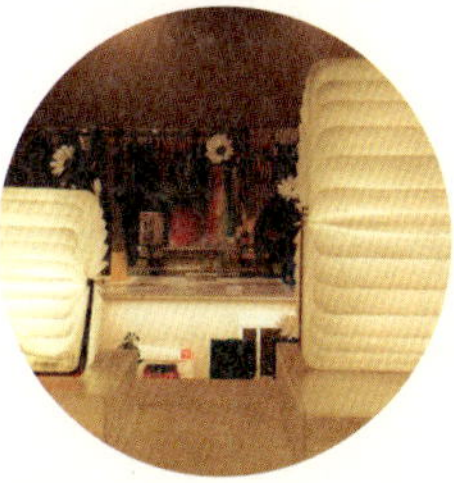
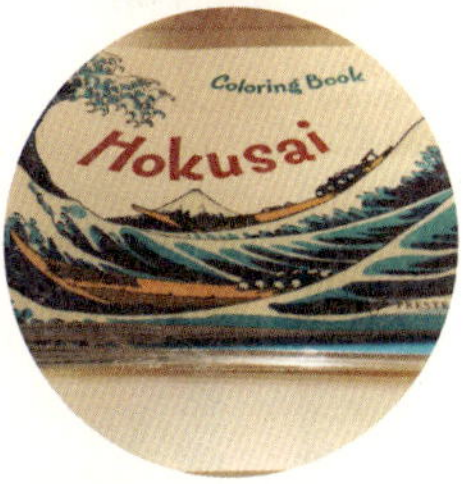
Coloring Book
Hokusai

아트&디자인 계열에서 만들어지는 디자인 잡화들 중 시니어 디렉터의 눈으로 판단, 선택한 제품 만을 모마 디자인 스토어 재팬에 비치한다.

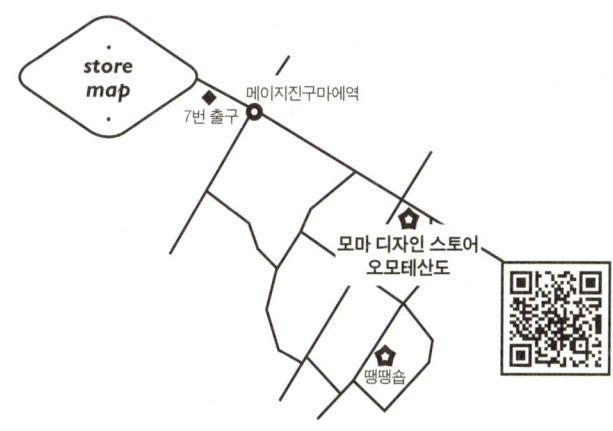

store map
메이지진구마에역
7번 출구
모마 디자인 스토어
오모테산도
땡땡숍

BOOK LAB TOKYO

북 랩 도쿄

◆ 주소 : 도쿄도 시부야구 도겐자카 2-10-7 신타이소 빌딩 1호관 2층
  (시부야역 2번 출구에서 8분)
  東京都 渋谷区 道玄坂 2丁目-10-7 新大宗ビル 1号館 2階 (〒150-0043)
  Tokyo-to Shibuya-ku Dogenzaka 2Chome-10-7 Shintaiso Building 2F
◆ 영업시간 : 07:00~19:00 (무휴, 연말연시 제외)
◆ 특징 : 기술서, 디자인 서적, 과학서, 경제지를 취급

🏠 www.booklabtokyo.com
🐦 @booklabtokyo
ⓕ www.facebook.com/booklabtokyo

내부는 생각보다 넓고 여러 장르의 책들이 비치되어 있다. 내부가 넓어서인지 꽤나 조용하고 편안한 분위기다.

북 랩 도쿄는 2016년 6월에 개점한 북카페다. 다양한 기술 관련 서적, 디자인 도서, 과학서, 경제지 등 신간 1만 권을 보유하고 있다. 북카페이지만 소규모 독서회나 100명 규모의 이벤트까지 대여 가능한 공간이다. 촬영장으로도 대여하는데 합리적인 가격에 스틸 촬영이나 영화 촬영도 가능하다. 카렌다 형태의 이벤트 목록을 보면 전세 대여로 표기된 날이 한 달에 4~5일은 되는 듯하다.

건물 2층에 위치해 에스컬레이터를 타고 올라가서 정면에 커다란 통유리로 된 문을 열고 들어가면 천정부터 바닥까지 하얗게 칠하고, 책장이나 진열대는 모두 나무 소재와 벽돌인 콘셉트의 인테리어가 차분한 분위기를 조성한다. 북카페라기보다는 책방과 카페 두 곳이 적절히 섞여 있는 느낌이 든다. 책을 2,000엔 이상 구매하면 커피 한 잔을 무료로 제공한다.

· book cafe ·

한쪽 공간에는 테이블과 의자가 마련되어 있고, 노트북 컴퓨터 사용자들을 위한 콘센트도 마련되어 있다.
사람이 많지 않을 때는 조용한 가운데 음악소리만 잔잔히 들린다. 내부에 따로 창문이 없어 다소 답답하게 느껴질 수도 있으나 넓은 공간과 나무 소재의 인테리어로 상쇄된다.
핸드드립 커피와 각종 소프트드링크, 아침 대용의 과일주스, 맥주·위스키·와인 등의 알코올 음료, 화이트 초콜릿에 마카다미아 쿠키를 곁들인 악마의 쿠키·레몬케이크 등의 디저트류, 샌드위치를 판매한다.

왼쪽_은은한 조명 아래 다양한 종류의 책들이 비치되어 있어 서점의 역할도 톡톡히 하고 있다. 시부야의 복잡한 거리 가운데 이런 공간이 있다는 것이 신기할 따름이다.
아래_북 랩 도쿄의 로고를 여기저기에 활용한 게 눈에 띈다.

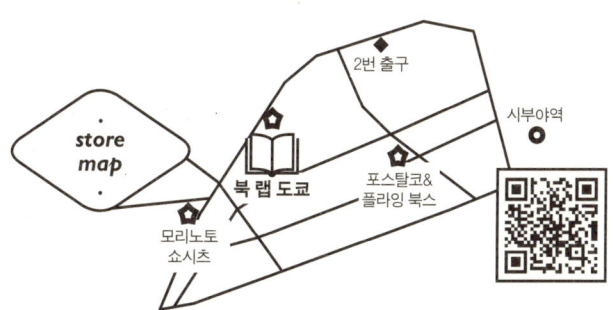

· book cafe ·

Shibuya Publishing & Booksellers

시부야 퍼블리싱 앤 북셀러즈

- ◆ 주소 : 도쿄도 시부야구 가미야마초 17-3 테라스 가미야마 1층
  (시부야역 3a 출구에서 10분)
  東京都 渋谷区 神山町 17-3 テラス 神山 1階 (〒154-0047)
  Tokyo-to Shibuya-ku Kamiyamacho 17-3 terrace Kamiyama 1F
- ◆ 영업시간 : 월~토요일 11:00~23:00, 일요일 11:00~22:00(휴무일은 부정기적)
- ◆ 특징 : 생활·예술·문학 관련 도서, 리틀프레스 등 취급. 독립출판사 운영

- 🏠 www.shibuyabooks.co.jp
- 🐦 @SPBS_Tokyo
- ƒ www.facebook.com/shibuya.publihsing.and.booksellers
- 📷 www.instagram.com/spbs_tokyo

요요기공원에서 멀지 않은 한적한 주택가에 2008년 1월에 개점한 출판사 겸 서점이다. 기획과 편집 능력을 살려 크게 두 가지 사업인 출판과 제품 판매를 하고, 3개의 브랜드인 'Shibuya Publishing편집·출판, 'Shibuya Booksellers서점', 'CHOUCHOU잡화 전문점'를 운영한다. 그 밖에 매체 광고, PR, 이벤트 사업 등을 하는데 '사람과 물건, 정보와 문화의 교차로' 같은 회사가 목표다.

1층의 큰 공간을 거울로 나눠 길가에 면한 개방적인 공간은 서점으로 반대쪽은 사무 공간으로 사용하는 매력적인 방법으로 공간을 구분했다. 서점 공간에는 책과 잡지 등 일반 출판 간행물과 리틀프레스 등의 독립출판물은 물론 각종 문구류와 생활소품도 구비돼 있다.

내부는 온통 흰색에 특이한 모양의 책장과 나무 소재의 진열대, 가구들로 꾸며놓아 개방적인 공간임에도 차분한 느낌과 고급스러운 느낌을 주는 수준급의 인테리어다. 책장은 테마에 따라 진열되어 있고, 중앙의 넓은 탁자에는 주택가에 위치한 때문인지 요리 관련 책과 아이템, 생활소품 등을 배치해놓았다.

도서 관련 이벤트도 여는데 글쓰기 세미나, 저작권 교육, 편집 워크숍 등이다. 프리랜서를 위한 오피스쉐어와 우편 수신 서비스, 프로모션 장소 제공, 영화 및 드라마 촬영 장소 등으로도 활용되고 있다. 시부야역에서 꽤 떨어진 위치임에도 심야시간대의 매출이 상당하다고 한다.

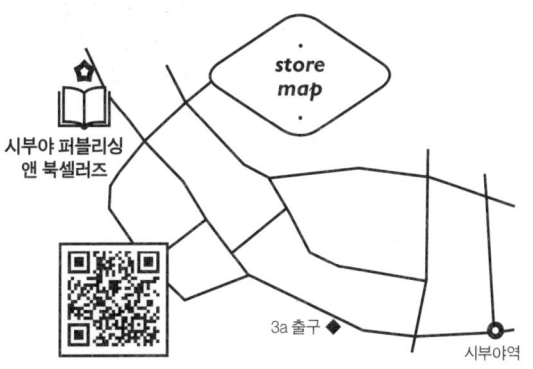

· *book store* ·

Utrecht/Now IDeA

유트레히트/나우 아이디어

◆ 주소 : 도쿄도 시부야구 진구마에 5-36-6 게리맨션 2C (오모테산도역 A1 출구에서 10분)
  東京都 渋谷区 神宮前 5丁目-36-6 ケーリーマンション 2C (〒150-0001)
  Tokyo-to Shibuya-ku Jingumae 5Chome-36-6 Cary Mansion 2C
◆ 영업시간 : 12:00~20:00 (월요일 휴무, 공휴일인 경우는 다음날 휴무)
◆ 특징 : 독립잡지, 예술, 사진, 건축, 그림 등 관련 책 취급

🏠 www.utrecht.jp
🐦 @UT_IDeA
f www.facebook.com/pg/NOWIDEA

유트레히트/나우 아이디어 서점의 모습. 호기심을 유발하는 책들이 책방 곳곳에 놓여 있다. 한 권 한 권 개성 넘치는 책들이 가득하다. 가로로 넓직한 창으로 햇살이 들어와 서점을 밝게 비춘다.

유트레히트는 네덜란드에 있는 도시 이름이기도 하다. 특유의 분위기 있는 공간은 마치 '독립 서점'의 매뉴얼이 있다면 이곳이 아닐까 싶은 느낌을 준다. 2002년 인터넷 서점을 시작으로 다이칸야마에 처음 문을 열고, 2006년 나카메구로에서 완전 예약제로 운영했다. 2008년 오모테산도, 2014년에 현재 위치인 시부야 진구마에로 이전했다. 도서의 판매 및 유통부터 의류 등의 편집매장의 도서 큐레이션, 코워크 사무실 등의 라이브러리 디렉션, 도쿄 아트북페어 The Tokyo Art Book Fair 공동 개최 등 다양한 활동을 하고 있다.

점주는 도쿄아트북페어의 디렉터이기도 한 에구치 히로시 씨가 처음 유트레히트를 운영해오다가 2015년 4월부터 창립 멤버 중 한 명인 오카베 후미에 씨가 대표자가 되어 운영 중이다.

· book store ·

안쪽 벽면에 단정히 낸 직사각형 창문으로 그만큼의 햇살이 조용히 들어와 책방 안을 따스하게 비추고 있다. 창문 턱 중앙에 걸린 작은 화분도 싱그럽다.

유트레히트 중앙에 위치한 책 진열대 위에는 사진집과 에세이가 있고, 그 아래로는 문구류들이 자리하고 있다.

유트레히트에서는 시중에서 보기 쉽지 않은 국내외 아트, 디자인, 패션 관련 서적과 작가·예술가가 직접 소량 제작·발행한 독립출판물을 주로 취급한다. 예술가의 얼굴이 드러나는 등 개성이 넘치는 제작물들을 관계성을 고민하며 디스플레이하고, 고객이 왔을 때 자연스럽고 다양하게 생각을 펼칠 수 있는 공간을 목표로 한다.

나우 아이디어는 이곳의 전시 공간 운영방식을 말한다. 독특한 현대미술 전시들을 시도하는데 우리가 방문했을 때는 'Space Opera'라는 우주 관련 전시를 하고 있었다. 무엇을 표현한 것인지 궁금한 금색종이들이 햇살을 받아 반짝거리는 게 예뻤다.

모자, 에코백 등의 생활 관련 제품과 다양한 디자인 문구류와 잡화도 판매하고 있다.

금빛으로 반짝거리던
'Space Opera' 전시 중
일부 모습

표지마다 개성을 뚜렷하게 나타내는 책들과 각종 귀여운 소품들로 책장이 채워져 있다. 파란 포스트잇과 노란 포스트잇에는 책에 관한 소개가 손글씨로 빼곡히 적혀 있다.

유트레히트 외에도 사이타마현에 지점을 운영하고 있으며, 각 지역의 책이나 사람에 맞춘 다채로운 박람회 및 이벤트를 기획하고 있다.

자체 출판도 하고 있는데 국내외 아티스트와의 네트워크를 살린 독창성 있는 출판물을 발행하고 있다. 또한 일본과 해외 출판사와 직접 거래해서 구매한 책을 일본 내 아트 계열 서점에 배포하는 일 등을 하고 있다.

2009년에 런던의 '페이퍼백Paperback'과 합동해서 '진스메이트ZINE 'S MATE' 팀으로 출발한 도쿄아트북페어를 일년에 한 번 개최하고 있으며, 해외 도서전에도 적극적으로 참가한다.

히로시 씨의 예전 인터뷰에 보면, 종이의 종말을 논하는 요즘 매체에 표현을 담는 그릇으로써 의미가 있지 단순히 책을 내고 싶다고 글을 쓰는 것을 아니라고 생각을 밝혔다. 미래에도 표현하고 싶은 것과 어울리는 매체를 선택하면 될 것이라고 말한다. 서점이 책을 파는 곳에서 콘텐츠 제공자로 바뀌게 될 것이며, 서점은 훌륭한 콘텐츠를 공급하는 장소이기만 하면 된다고 말이다.

· book store ·

책 가늠끈이 이름이 되는
유트레히트의 로고

책의 종 수가 중요한 것이 아니다.
대형서점이 아닌 이상에야 이곳을
방문하는 독자의 목적에 맞는 책이 눈에
잘 보이게 구성되어 있어야 한다.

유트레히트가 있는 골목에 들어서면 건물 앞 화단에 벤야민 좀머힐더 작가의 『책읽는 유령 크니기』가 그려진 표지판이 눈에 띈다.

· book store ·

book store

蔦屋書店
TSUTAYA BOOKS Daikanyama

츠타야 북스 다이칸야마

- 주소 : 도쿄도 시부야구 사루가쿠초 17-5 츠타야 북스 다이칸야마(다이칸야마역에서 15분)
  東京都 渋谷区 猿楽町 17-5 蔦屋書店 代官山 (〒150-0033)
  Tokyo-to Shibuya-ku Sarugakucho 17-5 TSUTAYA BOOKS Daikanyama
- 영업시간 : 1층 07:00~26:00, 2층 09:00~26:00 (연중무휴)
- 특징 : 종합대형서점

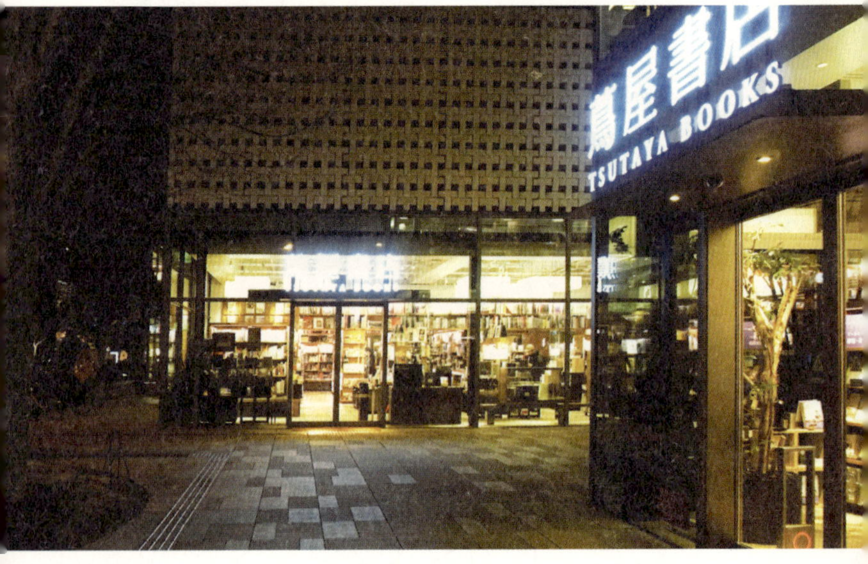

top.tsite.jp/lifestyle
@Daikanyama_PJ
facebook.com/DAIKANYAMA.TSUTAYA.BOOKS
www.instagram.com/daikanyama.tsutaya

건물 앞면 T자 모양으로 짜여진 외관이 독특하다. 밝은 대낮에나 어두운 심야에도 비슷한 정도의 아우라를 내뿜는 소재와 컬러다.

이 탐방기에서는 대형서점보다는 중소형의 동네 책방을 중심으로 소개하고 있다. 그런데 한국에도 널리 알려진 대형서점인 츠타야 다이칸야마를 소개하는 것은 새로운 서점에 대한 이상향(?)을 제공하고, 나아가 미래형 라이프스타일을 만들어 가는 데 주도적인 역할을 하고 있는, 도쿄에서 꼭 가봐야 할 장소로 꼽히기 때문이다.

츠타야 서점 다이칸야마점은 'T-site'라 이름한 작은 공원 안에 있다. 서점 외에도 레스토랑, 카메라숍, 갤러리 등을 포함한 복합문화단지다.

건물 3개 동이 각각의 테마를 가지고 T-site를 이루고 있다. 외관은 츠타야의 'T'를 콘셉트로 도쿄의 'Klein Dytham' 건축사무소에서 설계한 건물이 조화롭게 자리하고 있는데 '세계에서 가장 아름다운 서점 20'에도 들었다. 건물 사이 통로로 이동하게끔 되어 있고, 각 건물의 2층은 음반, 영화 코너와 북카페 안진으로 운영되고 있다.

· book store ·

늦은 밤에도 책을 찾는 이들이 많은 츠타야 북스 다이칸야마. 심야에 츠타야 같은 공간에서 책을 맘껏 볼 수 있다는 것은 멋진 일이다. 츠타야 북스 2층에는 특별히 큐레이션된 매력적인 공간인 북카페 안진이 자리하고 있다.

단순한 음반 코너가 아니라 공연장이나 전문숍에서 볼 법한 스피커를 통해 음악이 흘러나오고, 청음시설도 꽤 좋았다. 다양한 장르의 음반을 제대로 들어보고 고를 수 있는 곳이 많지 않기에 인상적이었다.

T-site 3개 동은 책, 영화, 음악, 문구, 여행 등을 테마로 공간이 나누어져 있다. 서가는 맥락 진열로 분류되어 주제에 따라 책과 잡화 등이 함께 놓여 있어서 관심 있는 주제에 대한 다양한 지식을 섭렵할 수 있다.

책과 책을 둘러싸며 표현할 수 있는 것들 중 최고의 것을 모아 놓은, 그야말로 어른을 위한 놀이터 중 최고의 공간이 아닐까 생각이 든다. 츠타야의 철학에 대한 이야기를 듣고 싶다면 츠타야를 기획해 성공시킨 창업가 마스다 무네아키 씨의 책 『지적 자본론』을 참조해보시라.

왼쪽_건물 외벽을 투명한 창으로 처리해 단정한 서가의 모습이 하나의 풍경이 된다.
아래_츠타야 서점에서 나와 큰길을 따라 내려가다 보면 만나게 되는 카메라 매장

건물 외관은 T자 모양의 벽체 외에는 모두 통유리로 되어 있어 다이칸야마의 주택가를 바라보며 책을 볼 수 있게 했다. 비오는 날 도쿄에서 책을 보기에 가장 운치 있는 장소 하나를 꼽으라면 츠타야 서점 다이칸야마점을 들고 싶다. 무엇보다 평소에는 발디딜 틈 없이 사람이 끊임없이 들고 나는데 비오는 날은 그나마 사람이 적다는 것이 장점(?)이다.

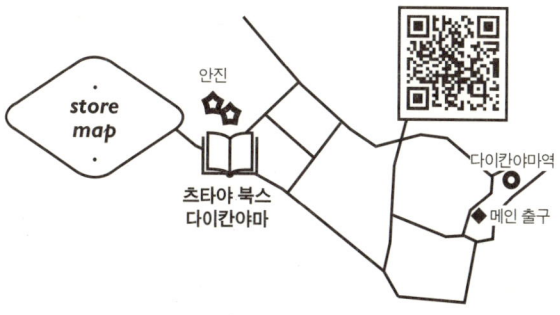

· book store ·

PAPIER LABO.

파피에 라보

- 주소 : 도쿄도 시부야구 진구마에 1-1-1 하라주쿠 타운홈 106
  (기타산도역 2번 출구에서 10분)
  東京都 渋谷区 神宮前 1丁目-1-1 原宿タウンホーム 106 (〒150-0001)
  Tokyo-to Shibuya-ku Jingumae 1Chome-1-1 Harajuku Town Home 106
- 영업시간 : 11:00~19:00 (월요일 휴무)
- 특징 : '종이와 종이에 관련된 제품'을 콘셉트로 제품 제작, 판매. 활판 인쇄 주문 제작

🏠 www.papierlabo.com | papierlabo.jugem.jp
🐦 @PAPIERLABO
📷 www.instagram.com/papierlabo.tokyo

한쪽 벽면을 차지하고 있는 엽서와 카드들

파피에 라보는 종이와 종이에 관련된 제품을 콘셉트로 기존 시장에서 만들어진 제품과 함께 독자적으로 제작한 유니크한 제품을 취급하는 '종이 잡화점'으로 종이 덕후에게는 빼놓을 수 없는 작지만 큰 매력을 지닌 공간이다. 종이를 사랑하는 아트디렉터들이 의기투합해 만들었다. 활판 인쇄를 비롯한 종이를 이용한 디자인·제작 주문을 받는 디자인 스튜디오이기도 하다. 전각 도장을 만드는 장인과 연계한 세계에서 하나뿐인 회양목 인감 도장도 주문받아 만든다. 그 밖에도 뭔가를 만들고 싶은데 어디에 상담하면 좋을 것인가…라고 고민될 때 부담 없이 문의해 달라고 말한다. 2017년 5월, 10주년을 기념해 시부야 퍼블리싱 앤 북셀러즈와 함께 키오스크를 연다.

· stationery store ·

1919년에 창업해 요코하마를 거점으로 하는 츠키지 활자Tsukiji Katsuji의 활자 세트

파피에 라보에서 주문 제작한 견본들

책을 볼 때 사용했던 빈티지 문진과 돋보기(옆에 쓰여 있는 숫자들이 가격)

제본이 훌륭한 얇은 노트 시리즈

스테디셀러인 연필깎이

· stationery store ·

POSTALCO

포스탈코

◆ 주소 : 도쿄도 시부야구 도젠자카 1-6-3 시부야 고서 센터 3층 (시부야역 남쪽 출구에서 3분)
東京都 渋谷区 道玄坂 1丁目-6-3 渋谷古書センタ 3階 (〒150-0043)
Tokyo-to Shibuya-ku Dogenzaka 1Chome-6-3 Shibuya old book center 3F
◆ 영업시간 : 월~토요일 11:00~20:00, 일요일 11:00~18:00 (화요일 휴무)
◆ 특징 : 소규모 공방 형식으로 만드는 디자인 제품

🏠 www.postalco.net
🐦 @POSTALCO_NEWS
f www.facebook.com/postalco
📷 https://www.instagram.com/postalco.tokyo

시부야 뒷골목에 위치한 포스탈코는 도쿄를 베이스로 한 브랜드숍으로 가방 디자이너 출신인 마크 에이블슨과 그래픽 디자이너인 일본인 아내가 함께한다. 그래픽 디자이너인 아내가 큰 크기의 서류를 가지고 다니는 데 어려움을 겪는 것을 보고 에이블슨 씨가 봉투 모양의 버튼 클로저가 있는 가죽 케이스를 만들어줬고, 이것을 계기로 포스탈코가 시작되었다.

남녀노소 누구나 사용할 만한 세련된 디자인에 포스탈코 특유의 고집스러움이 만들어낸 배려가 담겨 있는 편안한 제품을 만들고자 한다. 뉴욕 브루클린에서 포스탈코를 시작했지만 원하는 품질을 얻을 수 없자 일본에서는 작업에 필요한 재료들과 장인정신으로 구현할 수 있을 것이라 생각해 과감히 일본으로 옮겨왔다. 포스탈코의 대단한 점은 대량 양산체제가 아닌 1~2년에 걸쳐 기획과 시제품 제작을 하고도 한동안 직접 사용해보고서야 생산에 들어간다고 한다. 그래서인지 사용자의 편의를 고려한 배려와 실용성이 돋보인다. 미국의 키네틱 아트로 유명한 조각가 알렉산더 칼더 등과 콜라보레이션하기도 했다.

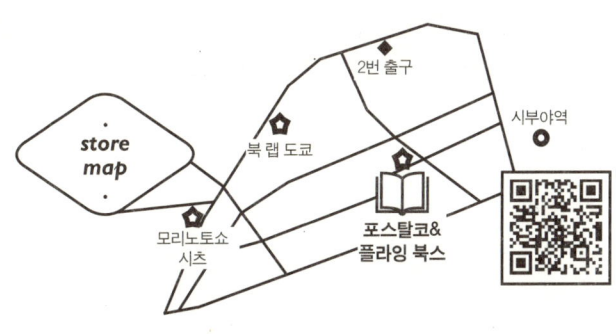

· stationery store ·

POST

포스트

- **주소** : 도쿄도 시부야구 에비스미나미 2-10-3 1층(에비스역 5번 출구에서 7분)
  東京都 渋谷区 恵比寿南 2丁目-10-3 1階 (〒150-0022)
  Tokyo-to Shibuya-ku Ebisuminami 2Chome-10-3 1F
- **영업시간** : 12:00~20:00 (월요일 휴무)
- **특징** : 미술, 사진, 건축, 디자인 등 관련 책 취급. 비정기적으로 전시 개최

🏠 www.post-books.jp
🐦 @post_books
f post_books

서점 안으로 들어서면 목재로 된 서가와 마루가 공간을 채우고 있다. 사진에서 오른쪽에 위치한 서가에는 한 칸에 한 권의 책만 소개하고 있다.

포스트는 예술 전문 서점으로 관련 서적과 함께 전시 공간에서는 한 번에 한 출판사의 출판물을 집중적으로 전시하며, 여러 패션숍에 책을 공급하기도 한다.
하얀색의 컨테이너식 구조 건물에 위치한 서점 한쪽으로 큰 창을 내서 바깥에서도 내부를 훤히 들여다볼 수 있다. 그래서인지 간판을 따로 달지 않고 유리창 밑에 'POST'라고 빨간색 글씨를 붙여뒀다.
크지도 작지도 않은 직사각형 구조의 서점에는 다양한 종류의 사진집들로 가득 차 있다. 건축, 미술, 자연, 동물, 디자인, 조형물 등 여러 주제에 관련한 사진집들이 있다. 화이트를 메인으로 하고 나무 소재로 미니멀하게 꾸민 덕분인지 답답하지 않고 내부가 매우 넓게 느껴진다.

· book store ·

널찍한 책장 한 칸에 한 권의 책이 간결하게 진열되어 있다.

빼곡히 꽂혀 있는 책장에는 다양한 작가들의 사진집들로 가득하다.

코리아타운을 주제로 삼은 사진집도 찾아볼 수 있었다.

책방 맨 끝 왼쪽 코너에는 나무 파레트를 쌓아 올린 듯한 진열대 위에 여러 사진집들이 정갈하게 놓여 있다. 책방 뒤편 공간은 출간 기념 전시회 등이 있을 때마다 쓰고 있다.

팔레트로 만든 듯한 진열대 아래는 서랍형으로 되어 있어서 재고를 보관해놨다. 필요한 것만 보여주기 위한 방법이 아닐까 싶다.

· book store ·

세계의 유명한 사진작가 작품집을 구비해놓고 있기 때문에 사진에 관심 있는 사람이라면 꼭 들러보길 바란다.

포스트는 다루는 책을 정기적으로 모두 교체해서 마치 새로운 서점처럼 바뀐다. 한 번에 한 출판사의 책을 전시 공간에 소개하는 방식도 일반 서점에서는 느끼기 어려운 책을 만드는 사람, '발행인'의 세계관도 엿볼 수 있는 독특한 점이다.

☞ *mini interview*

이곳의 이름에 대해 설명해주세요.

📖 신문이나 우편물이 도착하는 'post(우편함)'이라는 뜻에서, 정기적으로 새로운 책이 도착하는 장소를 뜻합니다.

이 설문에 참가해 주시는 분을 소개해주세요.

📖 니시키 다키코. POST의 스태프로서 가게에서 손님을 맞고, 책과 관련한 칼럼이나 연재기사를 집필하고 있습니다.

이곳만의 특별한 점은 무엇입니까?

📖 출판사 단위로(묶음별로) 꽂는 책을 정기적으로 모조리 바꾸는 서가가 있고, 안쪽 공간에서는 책에 관련해 (출판 기념 등의) 전시회를 열기도 합니다.

· book store ·

Flying Books

플라잉 북스

- ◆ 주소 : 도쿄도 시부야구 도겐자카 1-6-3 시부야 고서 센터 2F
  (시부야역 남쪽 출구에서 3분)
  東京都 渋谷区 道玄坂 1丁目-6-3 渋谷古書センタ 2階 (〒150-0043)
  Tokyo-to Shibuya-ku Dogenzaka 1Chome-6-3 Shibuya old book center 2F
- ◆ 영업시간 : 12:00~20:00 (일요일 휴무)
- ◆ 특징 : 비트 제너레이션을 비롯한 해외문학, 빈티지 잡지, 그림책, 디자인 서적, 사진집 등 헌책을 취급

www.flying-books.com

주인장이 좋아하는 책의 표지가 앞으로 보이게 세워놓았다.

시부야 남쪽 개찰구로 나와 도큐백화점 뒷쪽으로 가면 시부야 고서 센터 2층에 헌책방 '플라잉 북스'가 있다. 책장과 바닥 소재를 통일한 세련된 인테리어와 이곳 점주만의 철학으로 구분한 서가 구성이 돋보인다.

여행, 서브컬처, 종교, 문학 등 다양한 분야의 책들을 볼 수 있는데 점주는 자신이 좋아하는 책만 곁에 두고 싶었고, 실제로 그것을 실천하고 있단다. 책 디자인이나 종이 질 같은 퀄리티에도 까다롭게 굴어 스스로 납득이 가는 출판물만을 둔다고 한다.

백열등이 책장 한 칸 한 칸을 비추는 서가를 보고 있으면 책이 이곳의 주인이라는 생각이 든다. 매장 안에는 낮은 볼륨으로 재즈가 흐른다. 카운터에 연결된 바 공간에서 차를 마시며 느긋하게 책을 읽어도 좋을 만한 공간이다.

· book cafe ·

위_서가 끝에서 바라본 카운터 모습. 바닥과 책장이 같은 색이라 책이 눈에 잘 띈다.
아래_판형이나 종류도 제각각인 책들이 꽂혀 있는 서가. 아랫쪽에는 20세기 후반을 풍미했던 패션 잡지 《NONNO》가 있다.

위_헌책이지만 대부분 상태가 좋다. 책장 앞 진열대에는 과월호 잡지들이 한 권 한 권 깔끔하게 포장되어 켜켜이 쌓여 있다.
아래_한쪽 벽면에는 헬렌 레빗의 『시각의 방식』 사진집이 진열되어 있다.

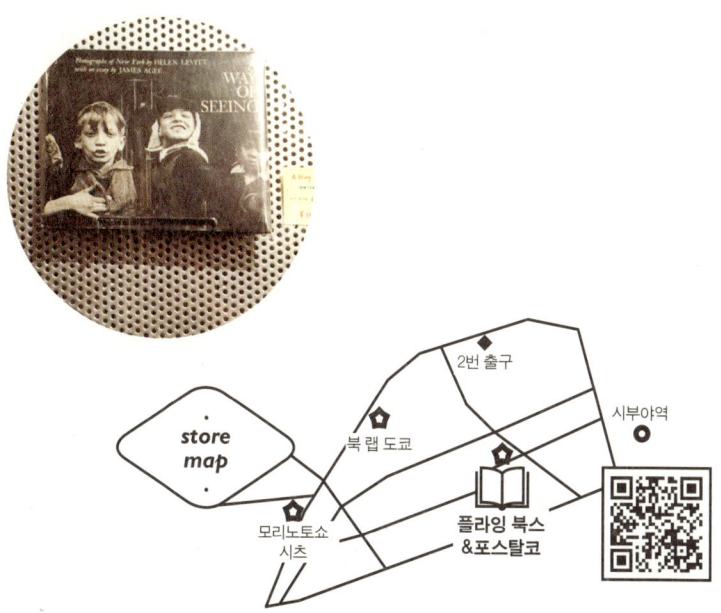

· book cafe ·

MOTOYA
Book·café·Gallery

모토야 북 카페 갤러리

◆ 주소 : 도쿄도 시부야구 하쓰다이 2-24-7 (하쓰다이역 남쪽 출구에서 8분)
  東京都 渋谷区 初台 2丁目-24-7 (〒151-0061)
  Tokyo-to Shibuya-ku Hatsudai 2Chome-24-7
◆ 영업시간 : 목~일요일 13:00~20:00 (월~수요일 휴무)
◆ 특징 : 예술, 디자인, 사진, 패션 관련 책 취급

🏠 www.mo-to-ya.com

한적한 주택가에 자리한 북, 카페, 갤러리로 제본 워크숍이나 사진집 워크숍, 예술 작품 전시회를 정기적으로 개최한다. 커피 종류 이외에도 와인과 맥주를 판매한다. 아담하고 예쁜 공간은 단독주택을 개조해서 만든 것으로 '모토야'라는 이름의 오너가 반겨준다. 그는 느긋하게 커피 또는 차를 마시며 예술 작품과 책을 접하게 하기 위해 갤러리에 북카페를 접목했다고 한다.
제본 워크숍 등을 하는 공간이므로 여러 독특한 종이 재질을 사용한 책과 편집 디자인에 공을 들인 출판 제작물을 볼 수 있다. 2층의 갤러리에서는 다양한 테마를 가진 작품들을 전시한다.

Anjin

안진

- 주소 : 도쿄도 시부야구 사루가쿠초 17-5 츠타야 서점 다이칸야마 2호관 2층
  (다이칸야마역에서 15분)
  東京都 渋谷区 猿楽町 17-5 蔦屋書店 代官山 2号館 2階 (〒150-0033)
  Tokyo-to Shibuya-ku Sarugakucho 17-5 TSUTAYA BOOKS Daikanyama
  Building 2, 2nd Floor Anjin
- 영업시간 : 09:00~26:00 (연중 무휴)
- 특징 : 일본과 해외의 잡지 과월호를 취급. 내부 촬영 금지

🏠 real.tsite.jp/daikanyama/floor/shop/anjin/

츠타야 서점 다이칸야마점 1층에서 올려다면 천장은 뚫려 있고 2층 공간은 벽을 중심으로 배열되어 있다. 카운터는 여러 색상의 책들을 벽돌처럼 쌓아 올려서 만들었다. 군데군데 널찍한 테이블과 고급스러운 소파와 의자가 놓여 있다.

혼자 와서 맥주 한 잔과 함께 책을 읽는 나이 지긋한 어르신. 여럿이 모여앉아 낮은 목소리로 서류를 뒤적이는 젊은 직장인들. 샴페인을 나눠 마시며 그림과 건축에 대한 이야기를 나누는 젊은 남녀. 그리고 아기를 데리고 마실 나온 젊은 아기 엄마들. 다양한 모습의 사람들이 다양한 방식으로 이 장소를 즐기고 있었다.

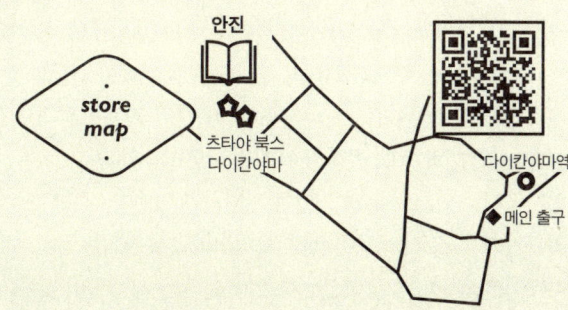

오다이바, 신바시, 시나가와, 롯폰기, 토라노몬, 아오야마, 아자부, 하마마쓰초, 다마치 등이 주요 지역이다. 한국인에게 친숙한 건물과 쇼핑몰 등이 많은데 도쿄타워, 롯폰기힐스, 니혼TV·후지TV·도쿄TV 스튜디오 등 방송 관련 시설, 게이오 대학 등이 있다. 롯폰기힐스 모리타워에는 포켓몬 본사가 있다. 상업지역에는 일본의 유명 기업들의 본사가 있는데 대표적으로 혼다, 소니, 모리나가 제과, 도시바 등이 있다. 오다이바와 롯폰기는 유흥 시설과 쇼핑몰, 애니메이션 캐릭터 매장이 밀집해 있어서 많은 사람들이 찾는다.

롯폰기
아오야마
시나가와

D. 미나토구

D-Bros

디브로스

- 주소 : 도쿄도 미나토구 다카나와 3-26-27 (시나가와역 안)
  東京都 港区 高輪 3丁目-26-27 (〒108-0074)
  Tokyo-to Minato-ku Takanawa 3Chome-26-27
- 영업시간 : 10:00~22:00, 일요일, 공휴일 10:00~20:30
- 특징 : 일본 디자인 회사 드래프트에서 운영하는 아이디어 디자인 제품 매장

🏠 d-bros.jp
🐦 @DBROS_info
f dbros.jp
📷 dbros_official1995

대형 쇼핑몰 내 위치한 디브로스

일본의 디자인회사 드래프트draft에서 런칭한 제품 브랜드다. 사람들의 생활을 재미있게 만들어주는 제품이라는 모토로 스탬프, 다이어리, 가방, 카드, 편지 봉투, 특수 재질 그래픽 화병 등을 만들어 판매한다. 아트디렉터·일러스트레이터인 요시에 와타나베Yoshie Watanabe와 한국에도 알려져 있는 료스케 우에하라Ryosuke Uehera가 주축으로 새로운 시점의 독특한 발상과 감성을 실험하는 제품 브랜드다. 디브로스숍에서는 스탬프를 그냥 판매하는 것이 아니라 다이어리, 카드 등의 다른 제품에 직접 찍어볼 수 있도록 한 체험숍으로 운영하고 있다. 다양하고 귀여운 디자인 때문인지 잉크 색상이 많지 않은데도 심심한 느낌이 들지 않는다.

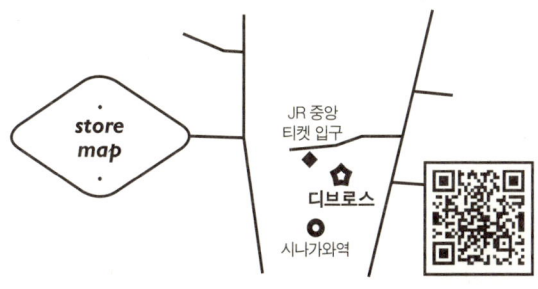

· stationery store ·

山陽堂書店

Sanyodo shoten
산요도 서점

- ◆ 주소 : 도쿄도 미나토구 키타아오야마 3-5-22 (오모테산도역 A3 출구에서 1분)
  東京都 港区 北青山 3丁目-5-22 (〒107-0061)
  Tokyo-to Minato-ku Kitaaoyama 3Chome-5-22
- ◆ 영업시간 : 10:00~19:30, 토요일 11:00~17:00 (일요일, 공휴일 휴무)
- ◆ 특징 : 서점과 갤러리를 겸한 공간

🏠 sanyodo-shoten.co.jp

오모테산도의 랜드마크가 된 벽화와 서점의 간판이 묘한 조화를 이룬다.

1891년메이지24년 창업한 127년 된 아오야마의 역사와 함께한 고서점. 무려 관동대지진 이전부터 있었다고 하니 그 유구한 역사에 정신이 아득해진다.

원래의 서점은 다른 장소였는데 천황이 다니는 길을 만들기 위해 이전했다. 지금의 건물은 1931년에 세워졌고 1945년 대공습에도 불타지 않고 살아남았다고 한다.

도쿄올림픽 때 길을 넓히느라 건물의 일부가 잘려나가 지금의 형태가 되었다. 오모테산도의 랜드마크가 된 유명한 벽화는 신초사 사장이 건물 일부가 잘려나간다는 소식을 듣고 26년 동안《주간 신초》의 삽화를 그린 삽화가 다니우치 로쿠로 씨에게 의뢰해 선물받았다.

2011년부터 산요도 서점과 산요도 갤러리로 운영하고 있으며 오모테산도와 관련이 있는 아티스트 좌담회 등에 사용되고 있다. 전시 소식은 홈페이지에 게시한다.

산요도는 책이 아닌 것에서 정보를 얻는 시대이기에 더욱더 책과 서점 본연의 자세가 중요하다고 말한다.

· book store ·

왼쪽_지역의 랜드마크가 된 산요도 서점 한쪽 벽면의 대형 벽화는 두번째 벽화로 1975년 다니우치 로쿠로의 '우산의 구멍은 가장 먼저 뜨는 별'이다.
오른쪽_갤러리 공간. 오모테산도와 관련 있는 아티스트 좌담회나 일러스트레이터의 전시회 등 공간을 이용한 다양한 행사를 진행한다.

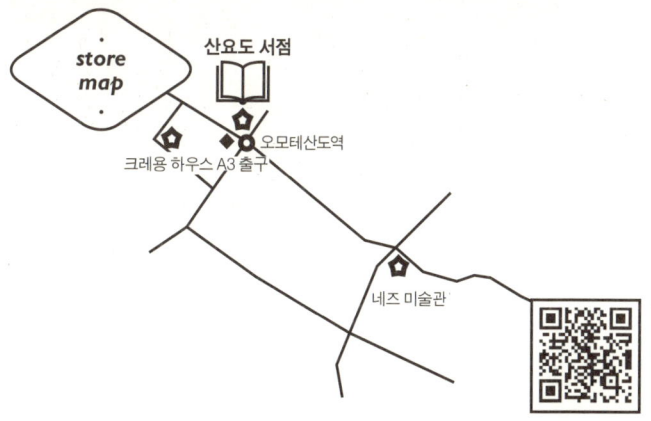

- book store -

147

crayonhouse

크레용 하우스

- ◆ 주소 : 도쿄도 미나토구 키타아오야마 3-8-15 (오모테산도역 A3 출구에서 5분)
  東京都 港区 北青山 3丁目-8-15 (〒107-8630)
  Tokyo-to Minato-ku Kitaaoyama 3 Chome-8-15
- ◆ 영업시간 : 11:00~19:00, 토~일요일, 공휴일 10:30~19:00
- ◆ 특징 : 어린이, 여성, 유기농 관련 도서과 생활용품 등을 취급

🏠 www.crayonhouse.co.jp
🐦 @crayonhouse

크레용 하우스 내부 모습. 어마어마한 양의 그림책들을 보유하고 있다. 서점 안쪽에는 어린이들을 위한 작은 의자와 원형 책상이 눈에 띈다.

크레용 하우스를 찾아가는 골목에는 예쁜 상점들이 즐비했다. 크레용 하우스 마스코트가 그려진 깃발이 길가 전등 옆에 붙어 있어서 찾기가 수월했다. 유모차를 밀고 다니는 사람들이 유독 많이 보였다.

지하 1층, 지상 3층으로 된 건물 전체를 크레용 하우스가 사용한다. 지하 1층은 유기농 레스토랑과 유기농 마켓이 자리하고 있다. 밖에서 보기와 다르게 이용객이 많았고, 크레용 하우스 마스코트 쿠키도 팔고 있었다.

건물 1층은 아동 그림책, 2층은 아동 장난감, 3층은 여성을 위한 코너로 유기농 화장품부터 서적, 의류까지 다양하게 구비하고 있다. 그림책 코너에는 한쪽에 낮은 테이블을 두어서 아이들이 편하게 책을 읽을 수 있게 했다.

어린이들이 손을 뻗을 수 있는 위치에 있는 책장에는 그림책들이 가득 진열되어 있다. 일본 그림책 외에 해외 그림책들도 다수 보유하고 있다.

2층은 어린이들을 위한 각종 장난감 코너다. 2층 계단을 올라서자마자 형형색색의 모빌들이 반겨준다.

3층은 여성을 위한 코너로 각종 유기농 제품들과 책들이 진열되어 있다. 아이와 함께 찾은 여성들도 책을 편하게 볼 수 있게 되어 있다.

쇼핑을 마치고 잠시 쉴 만한 공간이 이렇게 준비돼 있다.

2층에는 아이들이 좋아할 만한 온갖 종류의 장난감들이 모여 있다. 모빌부터 인형, 소도구들, 나무로 만들어진 실로폰 등이 있다. 3층에는 유기농 화장품부터 유기농 천으로 만든 옷, 모자, 가방 등을 비롯해 여성 관련 책들을 볼 수 있었다.

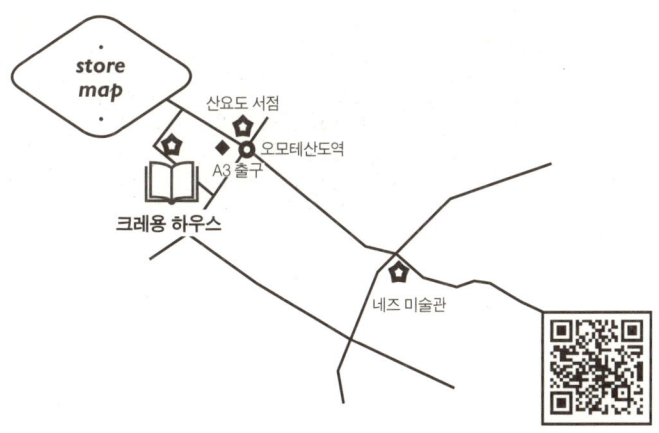

· book store ·

双子のライオン堂

Futago no lion-do
후타고노라이온도

- ◆ 주소 : 도쿄도 미나토구 아카사카 6-5-21-101 (아카사카역 6번 출구에서 7분)
  東京都 港区 赤坂 6丁目-5-21-101 (〒107-0052)
  Tokyo-to Minato-ku Akasaka 6Chome-5-21-101
- ◆ 영업시간 : 수·목·금·토요일 15:00~21:00 (일요일 부정기 휴무)
- ◆ 특징 : 인터넷 헌책방으로 시작해 책과 독자를 잇는 다양한 시도를 한다.

🏠 liondo.jp

작은 책방 안을 오밀조밀하게 책장과 책으로 꾸며놓았다. 이 달의 추천도서는 표지가 잘 보이도록 책방 여기저기에 진열해놓는다.

아사카사역 주변은 도쿄 내에서도 깔끔하고 멋진 건물이 많은 곳이다. 6번 출구로 나와 뒷길로 걷다보면 왼편에 오래된 빌딩이 보이고 손잡이가 없는 파란문이 있는 매장이 보인다. 도쿄의 하늘처럼 새파란 색에 흰색 몇 방울 떨어뜨린 듯한 밝은 문을 보면 화사한 느낌마저 든다. 문틈에 손을 집어넣고 당기면 작은 현관 같은 입구가 나온다. 여기서 신발을 벗고 실내화로 갈아신어야 서점 안으로 들어갈 수 있다.

작고 좁은 통로에 서서 보면 천장에 최신간이 꽂혀 있는 것도 보이고 안쪽 깊숙이에는 새 책 같은 헌책도 보인다. 그리 넓지 않은 책방 안은 다양한 책들로 꽉 차 있다. 통신판매 비율이 높은 곳이라 배송을 기다리는 포장된 책들이 한쪽에 쌓여 있다. 매월 정기적으로 책방에서 선정한 책을 보내주는 서비스도 하고 있다. 책을 만나는 다양한 방법을 시도하는 열정적인 곳이다.

· book store ·

위_가장 안쪽에 위치한 카운터
중간_다양한 전문가들에게 추천받은 책들로 책장을 채워놓았다.
아래_이곳에서 직접 포장해 독자들에게 책을 보낸다.

다양한 판형의
책들을 정갈하게
정리해놓았다.
그 안에서도
분야별로 나누었고,
새 책과 헌책도 따로
구별해두었다.

서점 근처에는 정통 일본식 정원 겸 공원이 있다. 근처에 사는 시민들이 산책을 하거나 데이트를 하는 곳이다. 여기에서 도쿄의 시간을 즐겨보길 바란다.

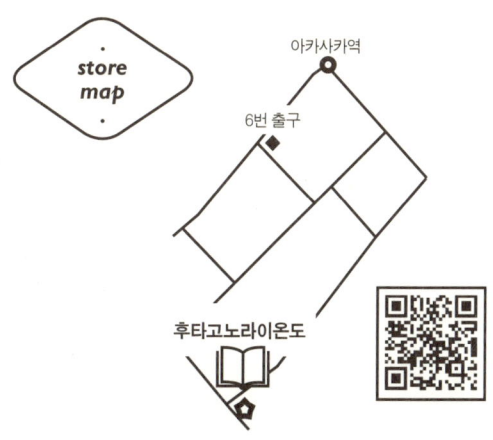

· book store ·

155

Rainy day Book store & Cafe

레이니데이 북스토어 앤 카페

◆ 주소 : 도쿄도 미나토쿠 니시아자부 2-21-28 지하 1층 (오모테산도역 A5 출구에서 25분)
東京都 港区 西麻布 2丁目-21-28 地下1階 (〒106-0031)
Tokyo-to Minato-ku Nishiazabu 2Chome-21-28 B1F
◆ 영업시간 : 11:00~19:00 (월·화요일 휴무)
◆ 특징 : 출판사 스위치 퍼블리싱 직영 서점과 카페

🏠 switch-pub.co.jp/rainyday

잡지 《스위치SWITCH》, 《코요테Coyote》를 발행하는 출판사 스위치 퍼블리싱의 직영 서점과 카페다. 니시아자부의 뒷골목 어느 지하에 마련된 레이니데이 북스토어 앤 카페는 책방과 카페가 하나의 공간에 자연스럽게 녹아든다. 매장 내에는 신간도서와 고서가 함께 비치되어 있다.
비오는 날의 독서는 시간의 흐름을 풀어주듯이 긴장을 풀고 독서에 몰두할 수 있게 배려해준다. 커피와 차 이외에 구운 과자, 휘펜케익 등이 있고 고기요리와 카레도 식사 대용으로 충분하다.

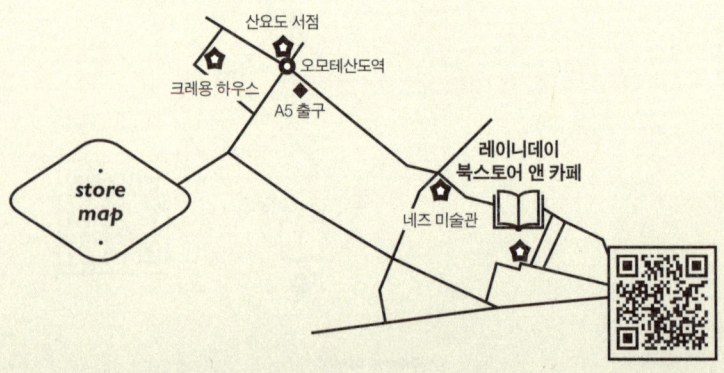

Souvenir from Tokyo

수버니어 프롬 도쿄

- ◆ 주소 : 도쿄도 미나토구 롯폰기 7-22-2 국립신미술관 지하 1층 (노기자카역 6번 출구에서 3분)
  東京都 港区 六本木 7丁目-22-2 国立新美術館 地下1階 (〒106-0032)
  Tokyo-to Minato-ku Roppongi 7Chome-22-2 The National Art Center Tokyo B1F
- ◆ 영업시간 : 10:00~18:00, 금요일 10:00~20:00 (화요일 휴무, 화요일이 공휴일이면 엽업 후 다음날 휴무)
- ◆ 특징 : 미술관에서 운영하는 뮤지엄숍

🏠 www.souvenirfromtokyo.jp

국립신미술관 지하 1층에 위치한 뮤지엄숍. 국립신미술관 전시 연관 디자인 상품들과 다른 아트 상품들을 판매한다. 개성이 강하고 독특한 작품들을 엄선해 가져다놓는다. 대부분의 뮤지엄숍이 그렇듯이 가격대가 조금 높은 편이다. 미술관과 관련된 머그컵, 손수건, 컵, 연필, 손수건, 노트 등의 기념 상품도 판매한다. 내부 촬영이 금지되어 있다.

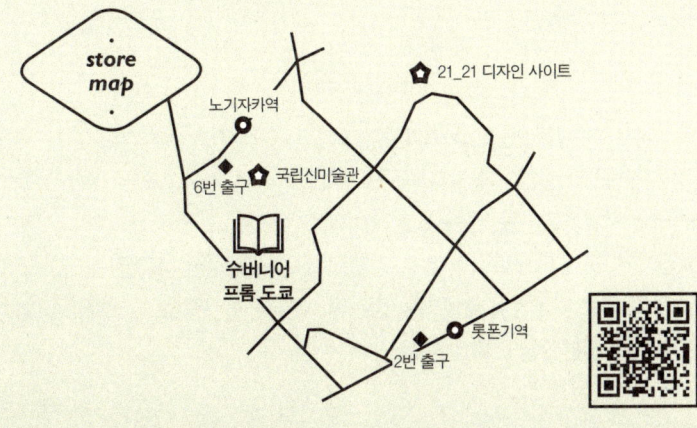

도쿄에서도 손꼽히는 고급 주거지역인 가키노키자카가 위치한 곳이다. 15개 국의 대사관과 총영사가 있다. 메구로, 나카메구로, 지유가오카 등이 주요 지역이다. 지유가오카는 '자유의 언덕'이라는 뜻으로, 고급 주택가와 상점들이 밀집되어 있다. 메구로강이 흐르고 있어서 이름 붙여진 이곳은 봄이면 먹빛의 강물 위로 벚꽃잎이 흩날리는 장관을 이룬다. 이것을 보기 위해 외국인뿐만 아니라 일본인들도 많이 찾는다.

デッサン
Dessin

데생

◆ 주소 : 도쿄도 메구로구 카미메구로 2-11-1 (나카메구로역 서쪽 출구에서 5분)
東京都 目黒区 上目黒 2丁目-11-1 (〒153-0051)
Tokyo-to Meguro-ku Kamimeguro 2Chome-11-1
◆ 영업시간 : 12:00~20:00 (화요일 휴무)
◆ 특징 : 독립잡지, 예술, 사진, 건축, 그림 등 관련 책 취급

🏠 www.dessinweb.jp | totodo.jp (자매점)
🐦 @dessin_books
ⓕ www.facebook.com/dessin_books
📷 www.instagram.com/dessin.books

메구로구 히가시야마 매장의 전경. 2017년 3월까지 이곳에서 영업을 했다.

카미메구로에 위치한 그림책 고서점. 어린이를 위한 그림책에서 어른도 즐거운 그림책, 화집, 사진집 등 비주얼이 메인인 책을 취급하고 있다.

주로 미술, 사진, 디자인 관련 헌책을 판매하는데 지금은 구하기 힘든 오래 전에 출간된 것들이다. 1950년대에 일본에서 출간된 『집에서 양장 만들기』 같은 책도 전시되고 있는데 실제로 구매 가능하다. 이곳에 있는 책들은 지낸 세월에 비해 상태가 매우 좋은 편이기 때문인지 정가보다 높게 책정된 가격에 판매한다. 분야별, 시대별로 꽂혀 있는 책들은 모두 정성스레 책커버를 씌워놓았다. 단행본은 3,000엔가량, 사진집 같은 경우 8,000엔 내외부터 시작한다. 지금은 구하기 어려워진 책들이 대부분이라 가격보다는 책이 갖고 싶다는 생각이 더 앞섰다.

그림dessin이라는 이름은 점주가 어릴 때 책을 읽은 후 책의 페이지를 흉내 내 그림을 그렸던 추억을 떠올리고 나서 정했다고 한다. 이곳에서의 경험이 그림 그리기나 사진 찍기, 혹은 또 다른 무언가의 계기가 되길 바란다는 메시지를 남겼다. 시부야에 자매점인 東塔堂Totodo가 있다.

· book store ·

오래된 동화책이 있는
자리에는 아기자기한 빈티지
찻잔이 함께한다.

입구에서 바라본 데생 서점 내부. 좌우 책장에 꽂혀 있는 책들은 50년은 족히 지난 것들이 대부분이다.

단 한 권만 남은 책이 아닐까 생각되는 예술 서적들을 편하게 읽어볼 수 있다.

· book store ·

낡은 가구와 오래된 책들로 가득한 공간이지만 추레해 보이지 않는 것은 매니저의 손길이 곳곳에 닿아 있기 때문일 것이다.

왼쪽_해외 서적 비율이 높은 편이다.
오른쪽_오래된 동화책도 있었는데 주로 초판본 표지인 경우가 많았다.

서점 한쪽에는 니팅 디자이너의 작품 전시와 판매를 겸하고 있다. 안쪽에 위치한 카운터에는 폴라로이드가 한창 인기를 구가하던 시절(1940~1980년대)의 사진 작품을 엽서로 인쇄해 판매하고 있다.

사실 우리가 방문했을 때 데생은 이사 예정이었는데 돌아와 확인해보니 2017년 4월 5일 카미메구로로 이전했다고. 기재된 주소는 이사한 책방의 주소다.

☞ *mini interview*

이곳의 이름에 대해 설명해주세요.

📖 '데생'이라는 가게 이름은 책을 읽은 다음, 그 책의 (한) 페이지를 보면서 그림을 흉내 내 노트에 그려 보던 점주의 어린 시절 경험에서 착상한 이름입니다.

이 설문에 참가해주시는 분을 소개해주세요.

📖 스태프인 와타나베입니다. 아티스트로서도 활동하고 있습니다. 이 서점 주인이 작품집을 만들어주신 게 계기가 되어 일하게 되었습니다.

이곳만의 특별한 점은 무엇입니까?

📖 눈으로 보고 즐길 수 있는 책. 그림책이나 화집, 사진집 등이 중심입니다.

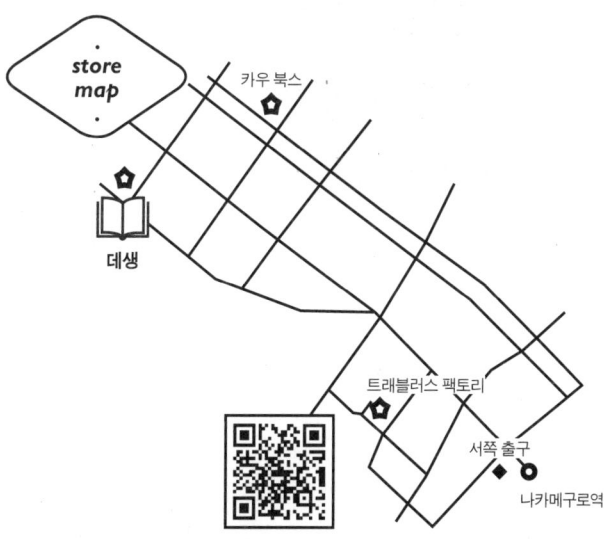

· book store ·

BOOK AND SONS

북앤선즈

- ◆ 주소 : 도쿄도 메구로구 다카반 2-13-3 (가쿠게이다가쿠역 동쪽 출구에서 7분)
  東京都 目黒区 鷹番 2丁目-13-3 (〒152-0004)
  Tokyo-to Meguro-ku Takaban 2Chome-13-3
- ◆ 영업시간 : 12:00~19:00 (부정기 휴무)
- ◆ 특징 : 타이포그래피를 중심으로 한 그래픽 디자인 서적을 취급

🏠 www.bookandsons.com | bookandsons.com/blog
🐦 @bookandsons
ⓕ www.facebook.com/bookandsons

책장을 꽉 채우기보다는 책을 전시하고 감상하는 여유로운 배치가 돋보인다.
소장품 위주로 전시되기 때문에 조금은 조심스럽게 보게 된다.

**We hope our store will open your eyes
to the beauty and soulfulness of typography
_by Book and Sons**

써니보이 북스에서 추천받은 북앤선즈에 이르렀을 때 느낀 건 이토록 모던한 책방이라니! 책이 잔뜩 쌓인 책방을 생각했다면 의외의 모습에 놀랄 것이다. 더없이 미니멀한 공간에 덩그러니 놓여 있는 멋진 의자, 마치 컬렉션을 보는 듯 아트, 디자인 관련 도서들이 여유 있게 전시되어 있다.
북앤선즈는 타이포그래피를 중심으로 한 그래픽 디자인 관련 책들을 취급하는 고서점이다. 점주가 한 권 한 권 엄선한 책만을 들여놓는다.

· book store ·

회색빛 건물 외관에 미니멀한 간판과 조명의 어울림이 멋스러워 자연스레 셔터를 누르게 된다.

그리고 안쪽에는 갤러리 공간이 따로 있어서 정기적으로 디자인, 회화 작품 등을 전시한다. 그때그때의 전시 내용은 홈페이지를 통해 확인 가능하다. 갤러리 성격이 강하다 보니 안내 데스크에서 영어로 안내받을 수 있다.

☞ *mini interview*

이곳의 이름에 대해 설명해주세요.

📖 '북앤선즈'의 '선즈'는, 직역하면 '아들'이라는 의미이지만 후계자라는 의미도 있습니다. 웹미디어가 대두하고 책을 읽는 습관이 사라지고 있지만, 웹이 대신할 수 없는 가치가 책에는 있다고 생각하고 있습니다. 책이라는 미디어를 다음 세대에 계승시켜주고 싶다는 생각을 담아 이 이름으로 했습니다.

이 설문에 참가해주시는 분을 소개해주세요.

📖 서점을 경영하고 있는 디자인회사 '풀 사이즈 이미지'에서 커뮤니케이션디렉터로 일하고 있는 사이키 무츠미입니다. '북앤선즈'의 홍보를 담당하고 있습니다.

이곳만의 특별한 점은 무엇입니까?

📖 기본적으로 디자인 서적을 구비하고 있고, 타이포그래피 관련 책을 많이 구비하고 있습니다. 그리고 커피 매장인 '북앤스탠드'를 열어, 커피를 마시면서 책을 읽을 수 있도록 했습니다.

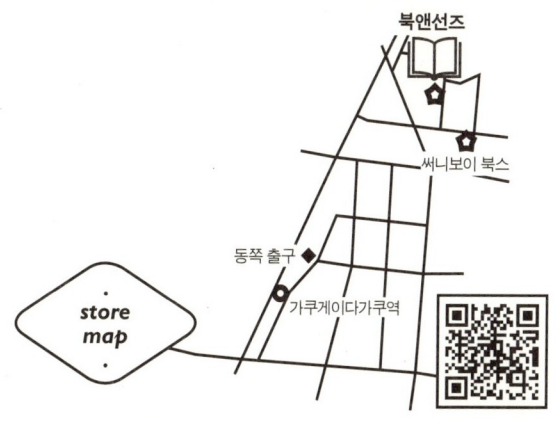

· book store ·

BUNDAN COFFEE&BEER

분단 커피 앤 비어

◆ 주소 : 도쿄도 메구로구 고마바 4-3-55 일본근대문학관 내
 (고마바토다이마에역 동쪽 출구에서 10분)
 東京都 目黒区 駒場 4丁目-3-55 日本近代文学館 内 (〒153-0041)
 Tokyo-to Meguro-ku Komaba 4Chome-3-55 The Museum of Modern Japanese Literature
◆ 영업시간 : 09:30~16:20(일, 월, 넷째 주 목요일 휴무)
◆ 특징 : 도쿄 피스톨이 정의하는 문학적인 책 취급

🏠 www.bundan.net
🐦 @BUNDAN_CAFE
f www.facebook.com/BUNDAN.cafe

에디토리얼 디자인의 가능성을 넓히기 위해 2006년 설립된 크리에이티브 컴퍼니인 도쿄 피스톨Tokyo Pistol에서 종합 프로듀싱한 일본근대문학관 내 북카페다. 도쿄대학 고마바 캠퍼스 근처의 한적한 주택가에 자리하고 있다. 찾아가는 길이 만만치 않은 곳이다. 고마바토다이마에역이나 요요기우에하라역에서 걸어서 약 15분 가까이 떨어져 있는 데다가 주택가 골목길을 지나다보면 길을 잃기도 쉽다. 하지만 꼭 가볼 만한 곳이라는 점은 변하지 않는다. 문학은 시대의 본질이며 본질은 시대를 통한다는 생각하에 새로운 문학의 이정표가 되는 장소를 목표로 하여 시작되었다.

고마바 공원의 울창한 나무에 둘러싸인 유서 깊은 건물 한쪽에 자리한 분단 커피 앤 비어는 매니아가 혹할 만한 희귀본에서부터 일본 문학사를 장식한 명작들까지 약 2만 권의 장서를 소장하고 있으며 이것들은 모두 도쿄 피스톨의 대표이사 구사나기 요헤이 씨의 개인 소장 도서다. 오래된 공원에서만 만날 수 있는 거대한 나무들과 한적한 주택가는 일본의 옛모습을 떠올리게 한다.

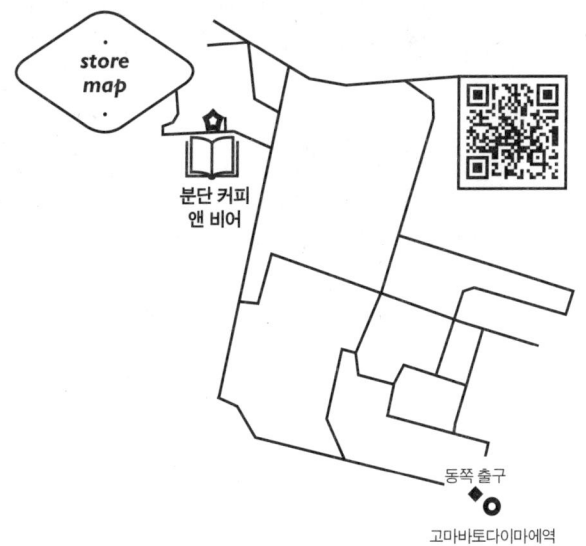

· book cafe ·

Sunny Boy Books

써니보이 북스

- ◆ 주소 : 도쿄도 메구로구 다카반 2-14-15 (가쿠게이다이가쿠역 동쪽 출구에서 10분)
  東京都 目黒区 鷹番 2丁目-14-15 (〒152-0004)
  Tokyo-to Meguro-ku Takaban 2Chome-14-15
- ◆ 영업시간 : 13:00-22:00, 토·일·공휴일 12:00-21:00 (금요일 휴무)
- ◆ 특징 : 예술 서적, 에세이, 일러스트집 등을 판매. 자체 독립출판을 하면서 전시도 한다.

🏠 www.sunnyboybooks.jp
🐦 @sunnyboybooks
f www.facebook.com/SUNNYBOYBOOKS
📷 www.instagram.com/sunnyboybooks

책장 사이사이에는 주인장의 책 추천 이유 등을 붙여놓았다.

젊고 재기발랄한 주인 다카하시 씨가 운영하는 헌책방이다. 주인장이 추천하거나 소개하고 싶은 새 책도 판매한다. 써니보이 북스 안을 채우고 있는 것은 책뿐만이 아니다. 써니보이와 일러스트 작가의 그림으로 콜라보한 작품들, 디자이너 소품 등 책과 관련한 아트 작품을 만날 수 있다. 그리고 써니보이에서 기획, 전시했던 '바람의 책' 프로젝트 결과물도 독립출판 형식으로 출간해 판매 중이다. 2017년 4주년을 맞았다.

서점의 이름을 외래어 표기대로 읽으면 '서니보이'이지만 이곳의 분위기를 떠올리면 쨍한 느낌이 드는 '쎄니보이'라고 특별히 부르고 싶다.

· book store ·

이곳에서 전시했던 일러스트 원화가 걸려 있다.

노렌을 열고 들어서면 왼편에는 다양한 소품과 종이 제품, 헌책과 주인장이 추천하는 새 책 등이 꼼꼼하게 자리하고 있다.

수제 패턴 타일도 판매하고 있었다.

공간은 작지만 그 안에 품은 것은 매우 큰, 이름 그대로 햇살에 반짝반짝 빛나는 소년이 생각나는 곳이다. 언어 문제는 잠시 접어두고 적극적이고 활달한 주인장과 대화해보면 좋겠다. 적극적으로 여러 아티스트와 콜라보를 시도하고, 전시도 부정기적으로 열고 있다. 홈페이지와 SNS를 통해서 적극적으로 홍보하고 있으니 이곳을 찾기 전에 꼭 들어가보자.

책방 문을 여는 시간에 맞춰서 찾아갔는데 다른 손님들도 기다렸다는 듯 들어섰다.

☞ *mini interview*

이곳의 이름에 대해 설명해주세요.

📖 특별히 의미는 없습니다. 건강한 느낌이 나면 좋겠다고 생각합니다.

이 설문에 참가해주시는 분을 소개해주세요.

📖 써니보이 북스의 점주입니다.

이곳만의 특별한 점은 무엇입니까?

📖 2주에 한 번 교체하는… 전시에 (책이 출간되는) 작가의 책자를 전시합니다. 2017년 4월부터는 써니보이 북스에 기반한 출판 사업도 시행합니다.

작은 책방이지만 확실한 색깔이 있고, 매번 새로운 시도를 하는 곳이기 때문에 찾는 재미가 있는 것이다.

· book store ·

Cow Books

카우 북스

- ◆ 주소 : 도쿄도 메구로구 아오바다이 1-14-11 코퍼 아오바다이 103
  (나카메구로역 서쪽 출구에서 10분)
  東京都 目黒区 青葉台 1丁目-14-11 コーポ青葉台 103 (〒153-0042)
  Tokyo-to Meguro-ku Aobadai 1Chome-14-11 Corporate Aobadai 103
- ◆ 영업시간 : 12:00~20:00 (월요일 휴무)
- ◆ 특징 : 새 책도 판매하지만 에세이, 문화, 사진집 등 헌책이 많다.

🏠 www.cowbooks.jp
🐦 @COWBOOKS
📘 www.facebook.com/cowbooks.tokyo
📷 www.instagram.com/cowbooks_tokyo

먹빛의 메구로강 주변에는 오래된 벚나무가 줄 지어 있어서 봄에 장관을 이룬다.
(출처_게티이미지뱅크)

나카메구로역에서 짙은 먹빛의 메구로강을 따라 산책하듯 걷다 보면 얼룩무늬 젖소 모양의 심볼이 그려진 카우 북스를 만나게 된다. 한국에도 최근 저서 『일의 기본 생활의 기본 100』, 책읽는 수요일, 2016가 출간된 《생활수첩暮らしの手帖》의 편집장인 마쓰우라 야타로 씨와 의류 브랜드 제너럴 리서치의 고바야시 세츠마사 씨가 함께 2002년 설립해 2017년 15주년을 맞았다.

서점에 들어서면 책방의 양쪽 면을 가득 메운 오크 책장이 천장까지 닿아 있고, 약 2,000권 정도의 양서가 꽂혀 있다. 언젠가 도쿄의 책방에 대한 카탈로그를 만들고 싶다는 생각을 처음 했던 2000년대 중반 한국에서는 주로 대형서점 위주로 책을 구입했었다. 그러던 중 우연히 방문하게 된 카우 북스는 신선한 충격과 함께 작은 서점의 가능성을 느끼게 해주었다.

카우 북스의 마스코트가 '얼룩소'인 이유는 '느릿느릿 쉬어가며 새로운 아이디어를 얻고 돌아갔으면' 하는 것과 책이 젖소와 같이 인류를 돕는다 생각해서 그 이름을 정했다고 한다.

서점 안에 4면으로 설치된 전광판이 인상적이다. 전광판에는 서점을 방문한 사람들에게 보내는 문구가 늘 흘러나오고 있다.

· book store ·

1960년대부터 1980년대 사이의 서적이 주를 이루는 카우 북스의 책장에 책들이 가지런하게 놓여 있다.

몇 번의 도쿄 여행과 출장 때마다 늘 다락방처럼 드나들던 책방인데 초기에는 사진집, 미술 관련 서적, 그림책, 도록, 도감 등의 비주얼이 메인인 서적이 주를 이루었는데 세월이 지날수록 텍스트 위주의 문학서나 에세이 류가 많아지는 것을 느꼈다. 마쓰우라 씨와 직원들이 하나하나 의논해가며 책을 선정하는데 신·구간의 구별 없이 '귀중한 책보다 직접 읽어보고 재미있거나 경의를 표할 수 있는 책'이라는 것은 바뀌지 않았다. 사실 고가의 해외 문학 초판본이나 사진집 등도 구비하고 있는데 한쪽의 장식장 안에 고이 넣어 잠가두었다.

매장 가운데에 있는 길다란 테이블에 앉아 소중한 사람에게 엽서를 쓸 수도 있다.

종이 한 장 들어갈 틈 없이 빽빽하게 책이 꽂혀 있는 서가는 마음 먹고 한 칸씩 봐야 한다. 한 권씩 꺼내어보다 보면 의외의 보물을 만나기도 한다. 종이 덕후인 그래픽 디자이너가 보기에 디자인과 제본이 독특하거나 상업 미술에서 쉽게 시도할 수 없는 재질과 디자인으로 공을 들인 도감이나 그림책 등이다. 운이 좋다면 합리적인 가격에 구입이 가능하다. 손바닥보다 조금 큰 크기의 하얀 케이스에 담긴 폴라로이드 사진집이 5,000엔, 우주와 지구를 콘셉트로 한 그래픽 작품집이 2만 엔 정도다.

카우 북스의 시초는 야타로 씨가 일본에서 처음 시도한 푸드 트럭 같은 '이동 중고서점'이었다고 한 것을 봤는데 2톤 트럭에 책을 싣고 대여섯 시간 이상 운전해서 다녔다고 한다. 카우 북스의 상징인 '소'와도 같은 대단한 뚝심이다.

중앙에 자리한 테이블에는 은은한 조명 아래 카우 북스 굿즈들이 놓여 있다.

계산대 위에는 카우 북스의 명함과 함께 조그마한 젖소 모양의 피규어가 앙증맞게 놓여 있다. 매장 내 카우 북스의 아이덴티티인 젖소가 그려진 엽서와 티셔츠 등 카우 북스 자체 제작의 굿즈들이 진열되어 있다.

책방 개점 시간이 점심 시간 쯤이어서 오후 늦게부터 손님이 점점 많아지고 심야에도 꽤 많은 손님이 이 작은 책방을 꾸준히 찾아온다. 책방의 가장자리를 두른 전광판에는 책에서 인용한 문구들이 강물처럼 흘러간다. 매장에 서서 계속 책을 고르기에는 한계가 있는데 공식 홈페이지에서도 도서정보를 확인할 수 있게 해놓았다. 사는 곳 가까이 이런 서점이 있다면 매일 같이 출근 도장을 찍을 것 같지만, 늘 함께할 수는 없기에 매번의 순간이 소중하게 느껴지는 작고 정갈한 먼 동네의 헌책방이다.

☞ *mini interview*

이곳의 이름에 대해 설명해주세요.
📖 카우 북스의 설립자는 소가 인류에 주는 도움을 높이 평가했습니다. 그는 책 또한 인류를 도울 수 있다고 생각했습니다. 책이 젖소와 같이 인류를 돕는다 생각해서 카우 북스로 이름을 지었습니다.

이 설문에 참가해주시는 분을 소개해주세요.
📖 카우 북스 매니저, 시게루 요시다입니다.

이곳만의 특별한 점은 무엇입니까?
📖 1960년대부터 1980년대 서적들입니다.

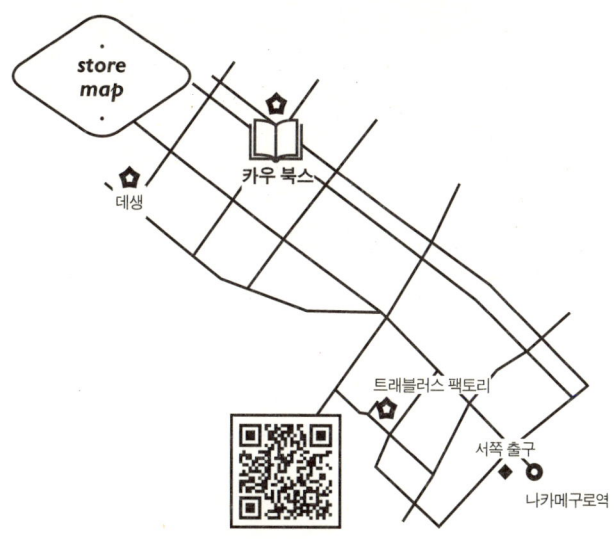

· *book store* ·

colobockle

코로보클

- **주소** : 도쿄도 메구로구 나카메구로 1-1-54 (나카메구로역 메인 출구에서 15분)
  東京都 目黒区 中目黒 1丁目-1-54 (〒153-0061)
  Tokyo-to Meguro-ku Nakameguro 1Chome-1-54
- **영업시간** : 목~일요일 12:00~19:00
- **특징** : 일러스트레이터의 작업 전시 공간이자 동화책과 관련 문구를 볼 수 있다.

www.colobockle.jp

귀여운 소품에 눈이 팔려서 문턱에 걸리지 않게 조심해야 한다.

한적한 주택가에 위치한 삽화가 타치모토 미치코 씨의 작품숍이다. 미치코 씨의 그림이 들어간 동화책, 엽서, 소품 등을 판매하고 있다. 카운터 오른편에 이곳에 대한 영어 설명표가 있으니 참조하면 좋다. 전시용 작품 중에는 너무 귀여워서 저절로 손이 가는 소품이 많다.

동화책이 많다 보니 아이가 있는 가족들을 위한 자리도 있다. 조그만 탁자를 중심으로 아주 작은 의자와 조금 더 큰 의자 2개가 있다. 의자에 앉아서 한쪽에 마련된 코로보클 디자인 스탬프를 구매한 엽서나 자신의 수첩 등에 찍어갈 수 있다.

일본 전통 가옥을 개조한 공간이어서 작은 턱이 많은 편이다. 그 높낮이에 따라 다양한 조명과 가구를 배치했다. 캐릭터를 이용한 다양한 아이디어 상품들은 인테리어 용으로도 훌륭한 퀄리티다. 아기자기한 동화 속 오두막 같은 공간이다.

· stationery store ·

위_계단 2개를 올라가면 책을 읽을 수 있는 귀여운 탁자와 의자가 옹기종기 놓여 있다.
아래_타치모토 미치코 씨의 일러스트가 들어간 동화책들이 전시되어 있다.

위_일러스트를 활용한 귀여운 조명등 갓 사이로 나오는 불빛이 따뜻하다.
아래_중앙에 비치된 테이블에 앉아 직접 스탬프를 찍어보고 엽서를 쓸 수 있게 했다.

· stationery store ·

직접 짠 것으로 보이는 투박한 재질의 정갈한 책꽂이

원뿔 모양의 조명갓에 불을 밝히면 웃는 모습의 캐릭터가 나타난다.

캐릭터를 이용한 다양한 아이디어 상품들이
곳곳에 배치되어 있는데 인테리어 소품으로도
훌륭한 퀄리티다.

코로보클

메인 출구
나카메구로역

store map

· starionery store ·

TRAVELER'S FACTORY

트래블러스 팩토리

◆ 주소 : 도쿄도 메구로구 가미메구로 3-13-10 (나카메구로역 서쪽 출구에서 5분)
東京都 目黒区 上目黒 3丁目-13-10 (〒153-0051)
Tokyo-to Meguro-ku Kamimeguro 3Chome-13-10
◆ 영업시간 : 12:00~20:00 (화요일 휴무)
◆ 특징 : 여행자를 위한 노트, 문구, 도시와 문화 관련 다양한 굿즈 판매

🏠 travelers-factory.com
🐦 @travelers_note
📘 www.facebook.com/travelersnotebook
📷 www.instagram.com/travelers_company

브랜드 10주년 기념 틴케이스 세트

여행하는 사람, 여행의 기록을 위한 공간으로 감성과 실용성을 모두 붙잡은 여행 전문 문구숍이다. 일본의 유명 문구류 회사인 미도리에서 운영한다. 올해(2017년)로 설립 10년을 맞아 한정판 틴케이스 세트와 노트를 판매하고 있으니 이곳의 팬이라면 서두르는 게 좋을 것이다. 문구를 좋아하는 사람이라면 꼭 가보길 추천한다. 일본 특유의 아기자기한 작은 연필이나 노트들이 보기도 좋지만 상당히 쓸모 있는 제품들이다. 여행 기록을 위한 노트를 묶어둘 스트링에 끼울 수 있는 참 장식은 여행한 곳을 상징하는 것으로 바꿔 끼울 수 있다. 노트에 어떤 필기구든 고정해 갖고 다닐 수 있는 클립이라든지, 영수증을 보관할 수 있는 별도의 종이 지갑을 부착해볼 수도 있다. 꼭 여행을 다니지 않더라도 여행 기분을 낼 수 있는 문구류도 있다. 도쿄 지하철 노선 마스킹 테이프 시리즈, 스탬프, 북클립, 플래너, 만년필, 샤프, 연필, 색연필 등 다양한 문구류에 그 뜻을 담았다.

· stationery store ·

↘ 도쿄의 지도, 노트, 지하철 노선을 이용한 마스킹 테이프 등 도쿄 여행을 기념하기 위한 다양한 문구류가 입구 쪽에 진열되어 있다.
↗ 건물 1, 2층을 이곳의 제품으로 꾸며놓았다. 2층에서는 차를 마시면서 여행 노트를 쓸 수 있게 해놓았다.
← 1층은 판매숍으로 쓰임새가 궁금한 제품은 스태프에게 물어보면 된다.

위_1층 판매숍에는 여행을 연상시키는 다양한 것들이 전시되어 있다.
아래_빈티지 카메라와 우체통은 아날로그에 대한 항수를 불러일으킨다.

· stationery store ·

트래블러스 팩토리가 위치한 곳은 일본이 고도 성장 시대라고 불리던 때, 종이 가공 공장으로 사용한 오래된 작은 건물이다. 무뚝뚝할 정도로 꾸밈이 없고 억세며 늠름하게 자기주장을 하는 듯한 느낌의 외관과 오랜 세월 계속 사용되어 닳아 세련되게 노출이 된 벽과 바닥. 그 건물의 모습은 마치 '트래블러스 노트'처럼 창의력을 자극해 완전히 새로운 여행을 예감하게 했다. 이 건물에서 비로소 트래블러스 팩토리는 상상의 세계에서 현실감 있는 형태로 바뀌게 된 것이다.

그에 더해 세계 각지에서 모아 온 테이블과 장식 소품은 여기 아닌 어딘가 다른 나라의 뒷골목에 헤매는 듯한 기분을 느끼게 해준다.

2층으로 올라가면 차를 마시면서 느긋하게 여행 기록을 남길 수 있다.

빈티지 책상 위에는 이곳의
노트에 기록한 도시의 모습을
전시 중이다.

· stationery store ·

2층으로 올라가는 계단참 입구의 프레임 워크.
여행의 기분이 물씬 풍기는 이미지로 가득하다.

☞ *mini interview*

이곳의 이름에 대해 설명해주세요.
📖 트래블러스 노트▼는 '손에 들면 여행을 떠나고 싶어지는, 매일 여행을 하는 것처럼 보내고 싶어지는' 노트입니다. 이 노트와 같은 콘셉트를 가진 문구 라인의 세계를 더 깊이 추구하는 공간을 만들고, 많은 사람들과 만날 수 있는 장소를 창조하고 싶다. 그리고 실제 공간을 공유함으로써 새로운 커뮤니케이션이나 물건을 만들어가고 싶다. '트래블러스 팩토리'는 이런 생각으로 탄생했습니다.

이 설문에 참가해주시는 분을 소개해주세요.
📖 아츠히코 이지마, '트래블러스 컴퍼니'의 브랜드 매니저입니다.

이곳만의 특별한 점은 무엇입니까?
📖 눈으로 보고 즐길 수 있는 책, 그림책이나 화집, 사진집 등이 중심입니다.

▼토레바라즈 노토, 여행자 노트

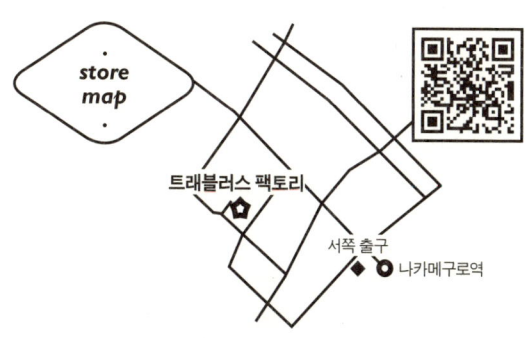

· *stationery store* ·

분쿄구는 나쓰메 소세키의 출생지로 널리 알려져 있는데 교육의 중심지이기도 하다. 출판, 인쇄, 의료 등의 산업이 발달한 곳으로 혼고, 야요이, 하쿠산 등이 주요 지역이다. 고단샤와 도쿄돔이 있어서 한국인들에게 친숙한 곳이다. 타이토구 역시 에도 시대 때부터 번화했던 곳이며, 도쿄국립박물관, 국립서양박물관, 도쿄도미술관, 우에노공원, 아사쿠사공원 등 유서 깊은 문화시설이 많이 있다. 우에노, 아사쿠사 등이 주요 지역이다.

야나카
네즈
센다기
우에노

F. 분쿄구, 타이토구

books & café
BOUSINGOT

북스 앤 카페 부쟁고

- ◆ 주소 : 도쿄도 분쿄구 센다기 2-33-2 부쟁고(센다기역 1번 출구에서 2분)
  東京都 文京区 千駄木 2丁目-33-2 ブーザンゴ (〒113-0022)
  Tokyo-to Bunkyo-ku Sendagi 2Chome-33-2 BOUSINGOT
- ◆ 영업시간 : 해질녘~23:00 (화요일 휴무, 화요일이 공휴일인 경우 영업 후 다음날 휴무)
- ◆ 특징 : 프랑스 중심 해외문학 책 취급

🏠 www.bousingot.com
🐦 @bousingot

어둑어둑해져야 문을 여는 곳이라 간판도 조명을 켜야 눈에 띌 법하게 심플하다.

프랑스 문학을 전공하고 출판사, 헌책방 등에서 일한 하케타 켄고 씨가 야네센에 만든 헌책방이다. 해질녘에 문을 열고, 밤이 늦으면 문을 닫는다. 마치 〈미드나잇 인 파리〉 영화에 나올 듯한 카페다. 'Bousingot'는 1830년대 혁명 당시 급진적 민주주의파 청년이나 무정부주의자를 뜻하는데 카페 중 소동이 빈번하게 일어나는 곳▼을 부르는 말이기도 했다.

책방 앞에 '고서와 커피古本と珈琲(가배, coffee)'라고 쓴 나무 소재의 입간판 또한 고졸하다. 실제로 책장에는 프랑스 중심의 해외문학서가 많고 문학을 중심으로 미술, 음악, 역사, 가이드북, 철학서 등 다양한 장르의 좋은 책을 구비·판매하고 있다. 가게 안의 아기자기한 소품들은 유럽의 벼룩시장에서 구한 것들이 많다고 한다.

'맛있을 것 같은 커피를 넣어 내리고 있습니다'라는 문구가 귀엽다.

▼특히 '부쟁고'는 악명이 높았던 만큼 그 명칭도 다양했다. '뷔뷔bouiboui', '비빈bibine', '자벨수(표백용 수용액)를 파는 집marchand d'eau de javel', '마스트로케mastroquet'라고도 불렸다. _『카페의 역사』 중

· book cafe ·

위_ 고서적과 레코드판, 통기타의 조합은 낭만을 부른다.
왼쪽_아마도 가게가 시작됐을 때부터 있었음직한 입간판
아래_독학으로 익혔다고 하는 라떼 아트

문호들이 사랑하는 고서점 거리가 있는 프랑스 작은 마을이 연상되는 정갈하고 유니크한 공간이다. 저녁이 되어 영업을 시작하면 가게 여기저기 놓아둔 노란 간접조명을 밝히고 재즈풍의 음악이 흐르면 커피를 마시거나 알코올 음료를 들고 책 한 권을 읽기에 충분히 매력적인 공간이다. 귀여운 라떼 아트의 커피와 칵테일 등은 직접 연습해 익혔다고 한다.

전면에 있는 큰 유리창에 표지가 아름다운 책들이 잘 보이도록 디스플레이 되어 있다. 길 건너에 오래된 정미소가 있는 조용한 마을 느낌을 주는 주변 풍경을 보고 있으면 시간이 느리게 가는 것만 같은 곳이다.

이름 때문이 아니더라도 평화로운 동시에 느슨한 자유로움이 느껴지는 책방 주인의 개성이 구석구석 묻어난다.

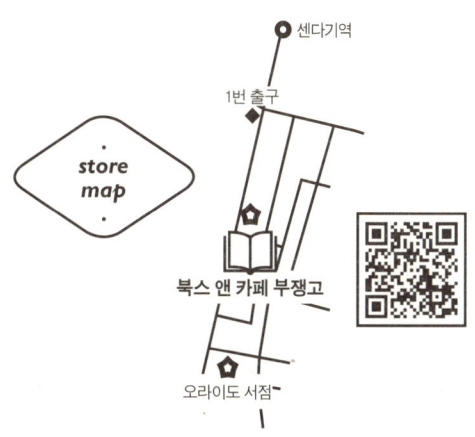

· book cafe ·

千駄木
往来堂書店

Ohraido Bookstore
센다기 오라이도 서점

◆ 주소 : 도쿄도 분쿄구 센다기 2-47-11 (센다기역 1번 출구에서 5분)
東京都 文京区 千駄木 2丁目-47-11 (〒113-0022)
Tokyo-to Bunkyo-ku Sendagi 2Chome-47-11

◆ 영업시간 : 월~토요일 10:00~22:00, 일·공휴일 11:00~21:00 (연말연시 제외, 연중무휴)

◆ 특징 : 책을 맥락으로 분류하는 맥락장 운영

🏠 www.ohraido.com
🐦 @ohraido
f www.facebook.com/ohraido

오라이도 서점은 일명 맥락장으로 유명하다. 서가 한 컨을 도쿄에 대한 책들로 꾸며놨다.

Alternative Small Book Store_By Ohraido

나스메 소세키의 옛집이 있는 센다기에 1996년 개업했다. 동네 서점 부흥을 목표로 개업한 소규모 대안 책방이다.

점주인 안도 데쓰야安藤哲也 씨는 출판사 영업사원으로 일하다 오라이도 서점을 만들게 되었다. '책장은 관리하는 것이 아니라 편집하는 것이다', '특정한 경향이 없는 독자들을 어떻게 끌어올 것인가' 등의 어록이 존재할 정도로 일본 서점계에서는 '카리스마 서점인'으로 알려졌다.

오라이도 서점은 맥락이 있는 서가, 일명 맥락장脈絡欌을 운영하는 것으로 유명하다. 책을 맥락에 따라 분류하는 방식인데 분류별 서가에 익숙한 사람에게는 책을 찾기에 불편할지 모르지만, 오라이도에서는 '맥락을 따라가다보면 인연이 없는 책과 우연히 마주칠 수도 있다'고 말한다.

위, 오른쪽_ 언뜻 여느 책방과 다르지 않은 평범한 서가인 듯 보여도 하나 하나의 서가는 맥락에 따라 정성스레 꾸며져 있다.

아래_ 천정에 매달아 진열한 토트백은 오라이도 책방에서 자체 제작해 판매하는 것이다. 일러스트는 미로코 마치코 씨의 작품을 활용했다.

엽서와 봉투, 꽃 스티커 등이 가지런히 놓인 진열대

책방 입구의 공간은 일명 '페어' 형태의 진열대로 운영되며 매 때의 특별한 주제를 선정해 꾸며진다. 2017년 들어서는 일러스트레이터 카코 사토시加古里子의 캐릭터인 '다루마짱だるまちゃん'의 50주년 기념 페어, 오라이도 서점에서 2016년 많이 팔린 신간 페어, 그림책 페어, 봄의 단행본 엽서▾ 페어 등으로 이어지고 있다.
오라이도의 맥락 진열에 대해서 다음 구절이 있다.

안도 데스야의 어록 중에 "책에는 본적本籍과 현주소가 있다"는 유명한 말이 있다. 장르나 필자의 이름과 같은 속성이 '본적'이라면, 그 책이 어떤 맥락에서 읽힐 것인가는 '현주소'다. 그래서 그는 당시에 베스트셀러였던 이와나미신서의 『대왕생大往生』을 신서 코너라는 본적지에 놓았을 뿐만 아니라, 『장쾌壯快』 등의 건강 잡지 옆에도 놓았다. 거기가 '현주소'였던 것이다. _『전자책의 충격』 중

▾문고본에 엽서를 같이 판매해 선물하도록 하는 형식이다. 4월 23일은 카탈루냐의 축제인 '성 조지san jordi의 날'인데 전통적으로 남자가 여자에게 장미를 선물한다고 한다. 오라이도에서는 이를 차용해 엽서에 장미꽃 스티커를 곁들여서 판매했다.

고양이 서가의 책들. 2016년에 개 서가를
개설한 이후 좋은 반응을 얻어
2017년에는 고양이를 주제로 시작했다.

책방의 주인공은 책 자체일텐데 오라이도는 '책의 맥락'이 주인공인 느낌이다. 오라이도를 찾은 손님들도 이것을 잘 알아 이곳에서는 뭔가 특별한 책을 발견할 것 같다고 이구동성으로 이야기한다고 한다.

오라이도 서점에서는, 동네의 작은 책방은 지역 사회의 재산이며 마을에 흩어져 무채색의 일상에 채색을 하고 사람과 사람의 관계를 새롭게 연결한다고 이야기한다. 그야말로 자신만의 맥락을 가지고 책과 사람, 사람과 물건, 책과 물건을 연결하는 공간임에 틀림없다.

2017년 4월 1일 부로 영업시간이 1시간 줄었으니 참조하기 바란다.(첫 페이지 정보란에 변경된 시간으로 표기함)

☞ **mini interview**

이곳의 이름에 대해 설명해주세요.

📖 ①사람들이 일상적으로 걷는 길(=길, 도로)
②서점과 손님 사이에 지식, 감정 등이 왔다 갔다 할 수 있는 장소가 되고 싶다.
③오라이=올라잇(괜찮아진다)

이 설문에 참가해주시는 분을 소개해주세요.

📖 오라이도 서점 점장인 오이리 겐지입니다.

이곳만의 특별한 점은 무엇입니까?

📖 특별한 책을 비치하고 있지는 않습니다. 하지만 많은 책들 중에서 엄선하고 있습니다.

· book store ·

ひるねこ BOOKS

Hiruneko Books
히루네코 북스

◆ 주소 : 도쿄도 다이토구 야나카 2-1-14 후지 코포 101호 (네즈역 1번 출구에서 7분)
　　東京都 台東区 谷中 2丁目-1-14 富士 コーポ 101号室 (〒110-0001)
　　Tokyo-to Taito-ku Yanaka 2Chome-1-14 Fuji Corporation 101
◆ 영업시간 : 11:00~20:00 (월요일 휴무)
◆ 특징 : 희귀 도서 보유, 직접 수집한 수입 잡화 판매

🏠 hirunekobooks.wixsite.com/hiruneko
🐦 @hirunekobooks
f www.facebook.com/hirunekobooks
📷 www.instagram.com/hirunekobooks

평범한 주택가 골목을 걷다보면 가장 많이 마주치는 게 꽃나무, 자전거다. 일본의 주택가를 걷다보면 종종 만나게 되는 동네 신사. 동네 주민들이 늘 돌보기 때문에 깨끗하게 관리되고 있다.

한낮의 고양이ひるねこ. 고양이 마을로 유명한 야나카에 하나쯤은 있어야만 될 것 같은 책방이다. 고양이 책, 그림책, 아동서, 의식주 등 생활에 관련된 책, 예술·북유럽 서적 외에도 리틀프레스도 갖추고 있다. 북유럽을 중심으로 한 유니크하고 아기자기한 잡화도 판매한다.

히루네코 북스에 닿기 전 주택가 골목의 소박함, 대도시에는 사라지고 없어진 모습을 찾는 재미가 쏠쏠하다. 대문 앞에 옹기종기 내놓은 화분들과 길가에 무심히 서 있는 꽃나무, 자전거 등 어릴 적 우리가 자랐던 동네의 모습을 하고 있다. 동네의 골목길을 걷다 보면 히루네코 북스의 푸른색 물이 뚝뚝 묻어날 것 같은 선명한 입간판이 보인다.

· stationery store ·

역시나 고양에 관한 책은 전시용 서가에도 빠질 수가 없다.

서점 입구에는 근처에 있는 다른 책방 명함과 책거리 지도, 전시회 팸플릿 등을 가져갈 수 있게 두었다.

신간 판매를 주로 하지만 고서 매입도 하고 있다. 어떤 장르의 책도 괜찮으며 다 읽고 난, 불필요해진 책은 책방에 가져오면 다른 사람에게 소중히 전달하겠다고 말한다. 우편으로도 받으며 현재 출장 매입은 하지 않는다.

지극히 일본스러운 동네이지만 책방 안은 우리에게도 낯익은 북유럽 생활소품과 사진집 등이 있다.

마치 동네 바자회에 온 듯 작은 수레와 나무 상자에 책을 담아 지나는 사람들이 편히 보게 해놨다.

이름답게 다양한 고양이 사진으로 장식해놓았다. 생활 실용서와 동화책이 함께 있는 모습은 동네 책방이라는 정체성을 반영한다.

책방 공간의 좌우 벽면과 선반은 갤러리로 운영하며 원할 경우 판매도 가능하다. 전시 리스트를 보니 주로 고양이와 북유럽, 그림책 원화전 등이 많다. 관련 이벤트도 수시로 열린다. 개성 있는 공간과 운영 방법으로 언론에도 많이 나오고 '작은 책방을 만드는 법' 등의 강의도 한다. 낮잠 자는 고양이 같은 나른함을 갖고 있는 매력적인 공간을 꿈꾼다면 반드시 들러보길 바란다.

작지만 모든 게 충분했다. 한 켠에 책을 볼 수 있는 공간마저도 감각적으로 꾸며놓았다.

왼쪽_책장 옆으로는 고양이 뱃지 겸 와펜 걸이대가 있다.
오른쪽_창고 겸 내실로 쓰는 공간 앞에 손수건 두 장을 이어 발을 쳐놓았다.

· book store ·

도쿄에서 가장 많은 인구가 밀집된 곳이다. 세타가야, 기타자와, 기누타, 가라스야마, 다마가와 등이 주요 지역이다. 세타가야조시공원, 키누타공원, 하네기공원 등 녹지 시설과 고급 주택지가 있다. 지역 전체가 평평하고 고도가 낮은 편이다. 도쿄 23개 특별구를 지나는 많은 철도가 세타가야구를 지나기 때문에 접근성이 좋다.

시모기타-자와

G. 세타가야구

B&B

Book & Beer
비앤비

- 주소 : 도쿄도 세타가야구 기타자와 2-12-4 제2마츠야 빌딩 2층 (시모기타자와역 남쪽 출구에서 1분)
  東京都 世田谷区 北沢 2丁目-12-4 第2マツヤビル 2階 (〒155-0031)
  Tokyo-to Setagaya-ku Kitazawa 2Chome-12-4 2nd Matsuya Building 2F
- 영업시간 : 12:00~23:00 (연말연시, 특별한 경우 제외하고 무휴)
- 특징 : 다양한 장르의 도서를 취급. 맥주를 마시며 책을 볼 수 있다.

🏠 www.bookandbeer.com
🐦 @book_and_beer
f www.facebook.com/bookandbeer

견고하고 아름다운 책장은 책을 좋아하는 사람이라면 탐낼 만한 것이었다. 가격표는 잠시 잊어두고 손으로 한 번 쓸어보고 왔다.

한국에서도 책을 좋아하는 사람들 사이에서 유명한 기획자, 크리에이터, 북코디네이터인 우치누마 신타로 씨가 광고 대행사 하쿠호토 케틀의 시마 코이치로 대표와 함께 만든 '앞으로의 도시 책방'을 표방하는 서점이다. B&B는 'Book & Beer'의 줄임말이며 말 그대로 책을 보면서 맥주를 마실 수 있는 곳이다.

비앤비에서는 책에는 지식과 엔터테인먼트(삶의 구도와 풍경을 바꾸는 틀), 좀 더 과장해서 말하면 인생의 전부가 있다고 말한다. 책은 그 자체로 좋은 낭비라고 생각한단다. 책과 사람을 어떻게 연결할 것인가, 어떻게 '우연한 만남'을 일상 속에서 실현할 것인가를 위해 최선을 다하는 것이 '도시 책방'의 소임이라고 밝혔다.

책방은 시모기타자와역에서 1분 거리에 있다. 골목길을 두 번 꺾어 들어가면 B&B라고 쓰여진 초록색 간판이 보인다. 실내는 꽤 넓은 편이다. 책장이나 책을 전시한 장식장 등은 모두 조금씩 디자인이 다른데 가격표가 붙어 있는 등 판매가 가능한 제품이다. 책방에서 책만 파는 것이 아니라 책장, 장식장, 테이블, 의자, 조명 등 눈에 보이는 모든 것이 상품인 쇼케이스인 셈이다.

입구에서 바라본 비앤비 실내. 꽤 넓은 편으로 왼쪽에 보이는 테이블 외에도 오른쪽 끝에 큰 테이블이 있다.

눈에 보이는 모든 것이 판매 가능한 것이다. 그래서인지 다른 곳보다 꽤나 고급스러운 제품들로 보였다.

책방 입구에는 이렇게
알림판 겸 팸플릿을 가져갈 수 있는
입간판을 세워놨다.

비앤비는 날마다 여는 이벤트로 유명한데 한국에서도 이를 모델로 한 서점이 생겨났을 정도로 인기가 있다. 매일 저녁 8시부터 약 2시간가량의 각종 이벤트가 열리고 참가비로 1,500엔 한화 1만 5천 원 정도 정도를 받는다.
작가와 함께하는 토크쇼, 독서회 등 '책'의 세계로 이어질 수 있는 것이라면 무엇이든 시도한다. 개최하는 모든 이벤트가 성공할 수는 없겠지만 '매일 무언가 재미있는 것이 열리고 있다'라는 사실 자체를 책방의 아이덴티티로 삼은 것이다. 유니크한 이벤트 기획과 섭외력 등 때문이겠지만 책을 좋아하는 사람들이 맥주 한 잔을 들고 즐길 만한 이벤트이니 실패율이 낮을 수밖에 없지 않을까.
매일의 이벤트 중 하루를 참여하는 사람에게는 한 번의 이벤트일 뿐이지만 매일의 이벤트를 '미리' 기획하고 추진한다는 것은 정말 대단한 일이 아닐 수 없다.

· book store ·

서로 다른 모양의 책장과 다른 크기의 책들이 조화를 이루는 장소. 책에 관련된 소품 등도 취급하고 있다.

우치누마 씨는 대학 재학 중에 직접 잡지를 만들려고 했으나 실패하고 졸업 후에 잠깐 직장인으로 살다가 회사를 나왔다. 오라이도 서점에서 아르바이트를 시작하면서 서점 업계에 뛰어들었다. 인터넷 헌책 서점 '북 픽 오케스트라'를 만들어 운영하며 지금의 누마북스Numabooks를 설립했다. '도쿄 힙스터 클럽TOKYO HIPSTERS CLUB' 등과 협업해 북코디네이터로서 일을 하며 이름을 알리고 패션 업계 등에서 책과 관련된 여러 이벤트를 운영·기획해왔다. 2012년에 비앤비를 열게 되었고, 출판 정보를 제공하는 웹사이트 '닷플레이스DOTPLACE'의 편집장, 독서 용품 브랜드 '비블리오필릭BIBLIOPHLIC'의 프로듀서로도 활동하고 있다.

일본에서 발간되는 다양한 잡지를 한 눈에!

서울에서 우치누마 씨의 강연을 들을 기회가 있어 참석했었는데 생각했던 것 이상으로 명민하고 크리에이티브한 사람이었다. 비앤비에서는 정작 만나지 못했다. 재미있는 것은 도쿄 책방 탐방 중 롯본기 츠타야 2층 스타벅스 커피에서 쉬던 중 우연히 지나가던 우치누마 씨를 만나서 인사를 나누었다. 인연의 도시, 도쿄다.

우치누마 신타로 씨의 살아온 이야기와 생각들, 비앤비의 역사 및 철학에 대한 정보는 우치누마 씨의 저서 『책의 역습 本の逆襲』하루, 2016을 참조하길 바란다.

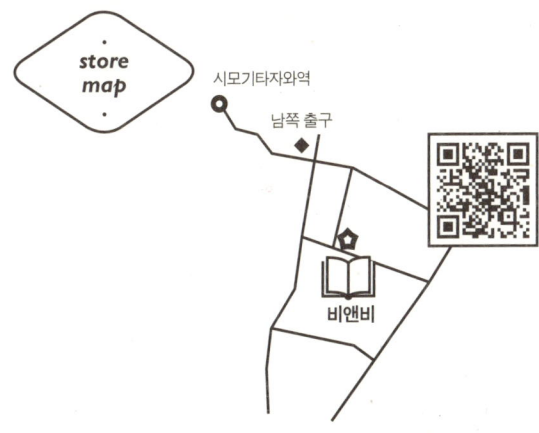

い−はと−ぼ

Ihatobo
이하토보

- ◆ 주소 : 도쿄도 세타가야구 기타자와 2-34-9 도키와빌딩 2층 (시모기타자와역 북쪽 출구에서 10분)
  東京都 世田谷区 北沢 2丁目-34-9 トキワビル 2階 (〒155-0031)
  Tokyo-to Setagaya-ku Kitazawa 2Chome-34-9 Tokiwa Building 2F
- ◆ 영업시간 : 12:00~25:00 (부정기 휴무)
- ◆ 특징 : 음악, 서브컬처 관련 책 등을 취급

🏠 www.ihatobo.exblog.jp

오래된 빌딩들은 계단이 높고 폭이 좁아서 더 가파르게 느껴진다. 손잡이에 넝쿨 철제 장식이 된 것이 어지간한 역사가 아님을 말해준다.

나무 판자에 손으로 새긴 글자가 정겹다.

1977년에 개업해 무려 40년을 확장하거나 콘셉트를 바꾸지 않고 처음 모습 그대로 영업을 해온, 원조 북카페이자 지역의 명소다. 점주는 재즈 전문 잡지, 레코드 가게 등에서 근무하다 신주쿠, 시부야, 기치조지 등으로 외출이 편리한 이곳 시모기타자와에 음악 전문 북카페 이하토보를 열게 되었다고 한다.

30년 넘게 음악의 신보를 소개하고 있으며 좋아하는 앨범은 직수입해 판매하고 있다. 중고 LP나 CD도 취급해 고객이 세대를 불문하고 시간을 보내다 갈 수 있다는 것이 장점이다. 또 직접 인터뷰한 것으로 책도 만드는 등 다양한 활동을 하고 있다.

가게에는 브라질, 콜롬비아 중심의 신맛이 없는 원두를 직접 로스팅해 커피를 만든다. 진저에일 등의 주스류도 신선하게 만들고 있으며 알코올 음료도 있다. 일본식 도구로 만든 오차즈케 등도 있고 치즈와 빵으로 된 런치 세트, 쿠키 세트 등이 인기다.

· book cafe ·

오래된 곳이지만 감각 있는 간판과 장식이 정갈하다.

주방이 바로 뒤에 자리한 테이블이다. 나른하게 책을 보고 있으면 어깨 너머로 술이라도 건네줄 법한 구조다.

매월 18일은 이하데이라고 한다. 할인행사를 하는 모양이다.

이름을 마루야마 겐지의 작품에서 따올 정도로 팬이어서 한 켠에 겐지의 전집도 자리한다. 자그만 다락방 같은 이곳에 들어와 커피나 맥주, 위스키 잔술을 시키고 앉아서 음악을 들으며 책을 읽다 가는 사람들이 밤 늦게까지도 꽤 많다. 그리고 일본식 다방인 킷사텐喫茶店 스타일이라 흡연 가능한 공간이니 이 부분은 유념해두길 바란다. 점주는 한국 사람과 교류하는 것도 좋아하며 스태프로 한국 유학생을 채용하기도 해서 일본어에 능숙치 않더라도 충분히 호의적인 교류가 가능하다.

오른쪽_일부러 모은 것보다는 운영해온 세월만큼 쌓인 책과 사진 작품들이 다락방 같은 카페의 공간을 메우고 있었다.

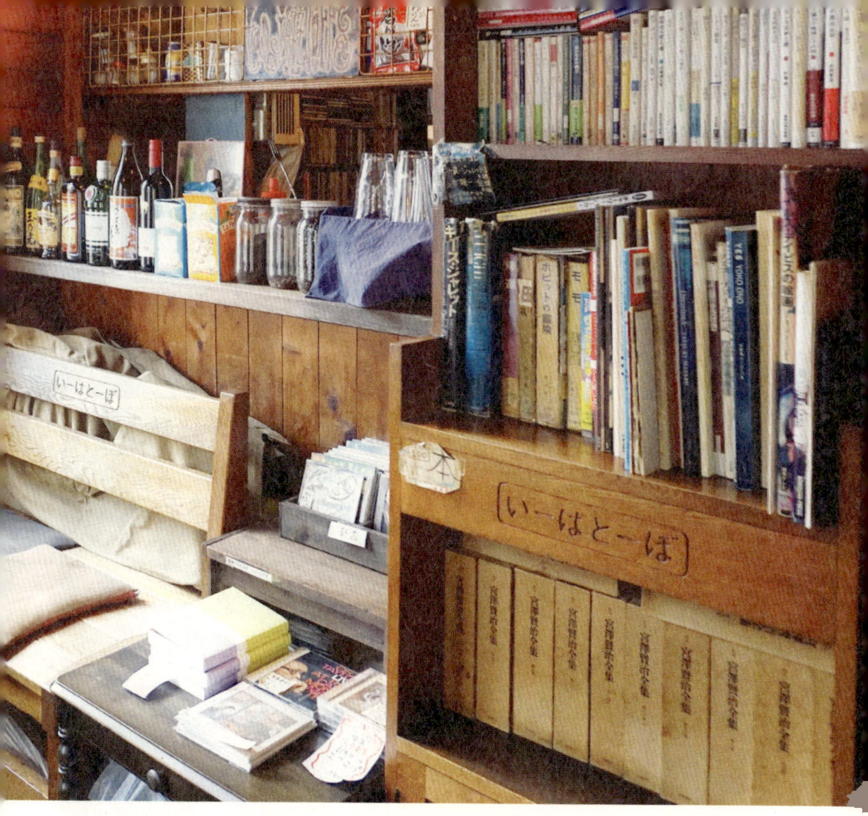
いーはとーぼ
いーはとーぼ
キース・ジャレット
ホビットの冒険

キース・ジャレット
ホビットの冒険

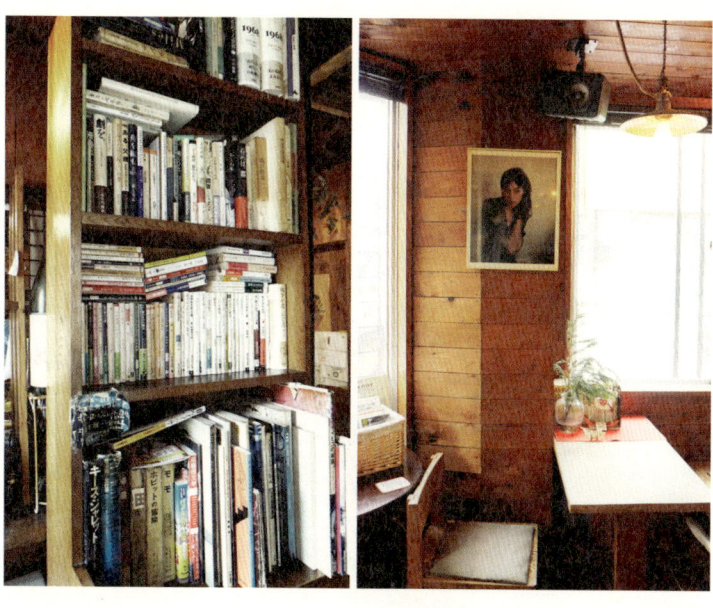

가게 입구에는 중고 레코드판을 판매하고 있다.
주방 안쪽을 살짝 들여다보니 CD들로 한 벽이 채워져 있었다.

언어보다 마음이 통했다고 할까.
이곳에 온 이유를 짧게 설명하니 수십 년 전에 쓴 책을
보여주며, 이 책방의 이름 유래도 설명해줬다.

☞ mini interview

이곳의 이름에 대해 설명해주세요.
📖 ① 미야자와 겐지의 책에 나오는 지명.▼
② 에스페란토어▼▼
③ <이>는<하>트 오브 <토><호/연음되면 '보'로도 발음>쿠의 일본어 발음.▼▼▼
이곳만의 특별한 점은 무엇입니까?
📖 직접 운영한 지 40년이 되었습니다.(주인, 68세)
이곳만의 특별한 점은 무엇입니까?
📖 직접 편집하고 취재해서 쓴 책을 중심으로 판매.

▼겐지 책들에 나오는 지명은 '이하토보'이지만…어쨌든.
▼▼겐지의 고향인 이와테현의 에스페란토어. 겐지 마니아^^
▼▼▼아재 개그. '이와테는 토호쿠의 심장'이라는 말에서 땄다는 뜻이다.

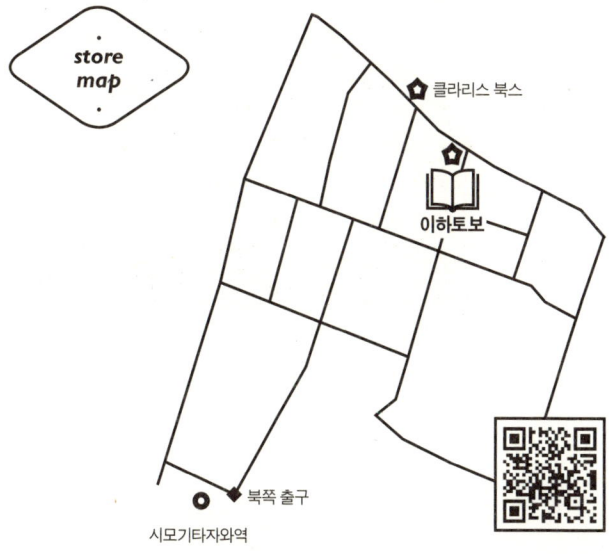

· book cafe ·

CLARIS BOOKS

클라리스 북스

- 주소 : 도쿄도 세타가야구 기타자와 3-26-2 2층 (시모기타자와역 북쪽 출구에서 10분)
  東京都 世田谷区 北沢 3丁目-26-2 2階 (〒155-0031)
  Tokyo-to Setagaya-ku Kitazawa 3Chome-26-2 2F
- 영업시간 : 평일 12:00~20:00, 일·공휴일 12:00~19:00 (월요일 휴무, 월요일이 공휴일인 경우는 영업)
- 특징 : 철학, 사상, 문학, 예술, 그림책, 디자인, 사진, 패션, SF, 만화 등을 취급하는 헌책방이며, 고서 매입도 한다.

🏠 clarisbooks.com | reading.clarisbooks.com/aboutreading
🐦 @clarisbooks
f www.facebook.com/clarisbooks

타원형을 절반으로 자른 듯한 독특한 건물 덕분에 책방에는 모서리가 없다.

시모기타자와역에서 멀지 않은 곳에 자칫하면 지나칠 수도 있을 법한 작은 빌딩의 2층에 위치하고 있다. 좁다란 계단을 올라 2층 문을 열면 좌우에 가득히 작은 크기의 책들이 있다. 진보초의 고서점에서 10년 이상 일했던 점주가 2013년에 독립하면서 시모기타자와에 헌책방을 열게 되었다고 한다. 책방 한 켠의 장식장에는 'Not For Sale'이라고 쓴 종이 뒤로 주인장의 컬렉션을 볼 수 있다. 팔지 않는 책은 지금은 구하기 어려워진 책들이 대부분이다. 문학, 철학, 기독교, 역사, 민족, 인류학, 패션, 사진, 미술, 영화 음악, 만화나 SF, 서브컬처 등 다양한 장르의 도서를 보유하고 있다. 영어 원서도 함께 판매하기 때문에 의외의 보물을 발견할 수 있다. 카운터를 중심으로는 예술 잡지들이 꽂혀 있고, 상냥하고 적극적인 주인장이 애호가답게 다양한 장르의 음악을 틀어놓는다. 독서회도 운영한다(홈페이지 참조 바람).

위_중앙 서가에는 음악과 영화에 관련된 책들이 꽂혀 있다. 대부분 영어로 된 원서들이거나 품절된 번역서다.
아래_주인장이 관심 있는 책이라면 어떤 분야든지 서가에 꽂혀 있다. 극명한 대조를 보이는 분야들의 책을 작은 서점 안에서 만날 수 있었다.

☞ *mini interview*

이곳의 이름에 대해 설명해주세요.
📖 영화 <양들의 침묵>의 주인공 이름에서 따온 것입니다. 조디 포스터의 팬이기도 합니다. 지적이고 강하고 아름다운 이미지라서 좋아합니다.

이곳만의 특별한 점은 무엇입니까?
📖 미술, 문학, 사상, 엔터테인먼트 등 폭넓게 판매하고 있습니다.

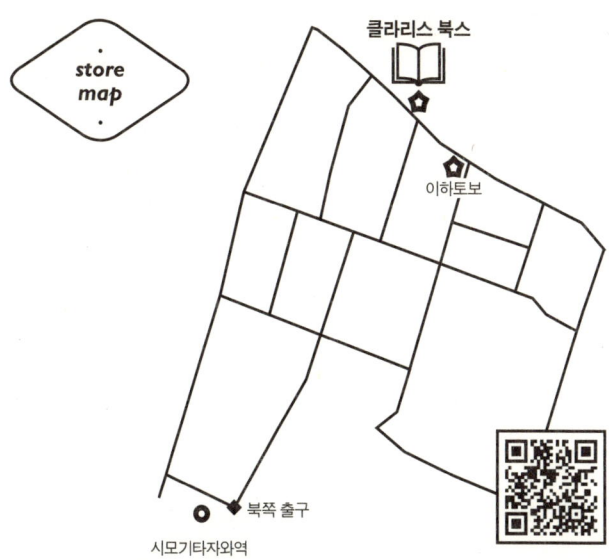

· book store ·

신주쿠구와 그 북쪽에 위치한 도시마구는 많은 상업시설이 밀집한 곳이다. 신주쿠, 다카다노바바, 오쿠보, 가구라자카, 이치가야와 이케부쿠로, 고마고메, 센카와, 스가모 등이 주요 지역이다. 신주쿠역은 도쿄에서 가장 혼잡하고 이동 인구가 많은 지하철역으로 꼽힌다. 도쿄 교통의 중심지이자 재일 한국인이 가장 많이 살고 있는 지역이기도 하다. 신주쿠구는 비교적 지진에 안전한 지역이라서 초고층 빌딩이 많이 있다. 도쿄도청도 이곳에 있다.

도시마구 역시 재일 한국인 거주 비율이 신주쿠구 다음으로 높은 편이고 이케부쿠로는 신주쿠역 다음으로 혼잡하고 주요 상업시설과 오락 시설이 모여 있다.

신주쿠 이케부-쿠로

H. 신주쿠구, 도시마구

book store

模索舍

Mosakusha
모사쿠샤

◆ 주소 : 도쿄도 신주쿠구 신주쿠 2-4-9 (신주쿠산초메역 C1 출구에서 10분)
東京都 新宿区 新宿 2丁目-4-9 (〒160-0022)
Tokyo-to Shinjuku-ku Shinjuku 2Chome-4-9
◆ 영업시간 : 월~토요일 12:30~21:00, 일·공휴일 12:30~20:00(부정기 휴업)
◆ 특징 : 자주출판(독립출판), 미니컴지, 사상서, 서브컬처, 기관지 등 취급

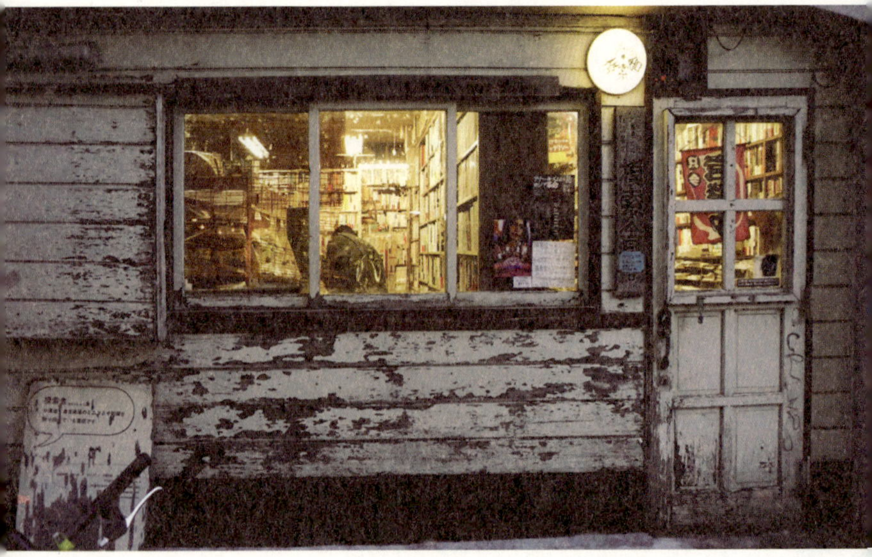

www.mosakusha.com
@mosakusha

서점 깊숙이 자리한 카운터 앞에는 다양한 종류의 신간 잡지들과 기관지가 자리하고 있다.

단언컨대 일본에서만 만날 수 있는 서점이지 않을까 싶을 정도로 자신의 색이 엄청난 곳이다. 한국에 대한 내용이지만 한국에서는 볼 수 없는 책과 기관지 등을 보유하고 있는 헌책방이다. 모사쿠샤는 입구에서부터 묘한 기운을 풍긴다. 마치 한국의 1980년대 카페 입구 같기도 한 문을 열고 들어가면 좌우로 쫙 들어선 서가에는 촘촘하게 책이 꽂혀 있다. 그리고 사람 하나 정도 지나갈 통로를 남기고 책장 앞에는 계단식으로 책이 진열되어 있다. 안으로 쭉 들어가면 천장까지 높게 책이 쌓인 책장을 등뒤로 하고 주인장이 앉아 있다. 문을 열기 전에는 가늠되지 않을 만큼 많은 책과 각종 자료가 이곳에 있다. 입구에서 만난 왼쪽 책장은 사실 이 서점을 반으로 나누고 있었다. 그 뒤로는 사각형으로 책이 둘러둘러 있고 가운데 책장에는 기관지와 사상서, 공산주의 서적 등의 사회주의운동 관련 책들이 꽂혀 있다.

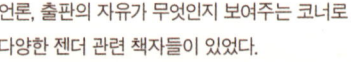

책방 입구를 바라본 모습. 책과 잡지들이 잔뜩 쌓여 있는 듯하지만 이것도 다 주인만의 큐레이션이 반영된 것이다. 통로 바로 앞에 놓인 것은 빨리 발견해주길 바라는 추천 신간이며, 눈높이에 꽂혀 있는 책들은 주인장이 애정하는 책들이 다수다.

언론, 출판의 자유가 무엇인지 보여주는 코너로 다양한 젠더 관련 책자들이 있었다.

위_모사쿠샤는 독립출판, 소규모 자유 유통을 하는 서점이라고 쓰인 세월의 흔적이 고스란히 느껴지는 입간판

기관지를 모아놓은 섹션. 현대사를 읽을 수 있는 보물 같은 콜렉션이다.

한국의 민주화 투쟁에 대해 다룬 일본 잡지, 북한 주체사상에 대한 번역서도 있다. 그리고 한쪽 책장에는 주인장이 엄선한 한국 책을 번역한 문학, 예술 책들이 있었다. 책을 추천해달라고 하니 5·18민주항쟁에 관한 번역서를 읽어보라고 건넸다(!). 일본에서도 비주류에 속하는 다양한 사상서와 젠더 관련 잡지 등은 이곳만의 독특한 개성을 느낄 수 있다.

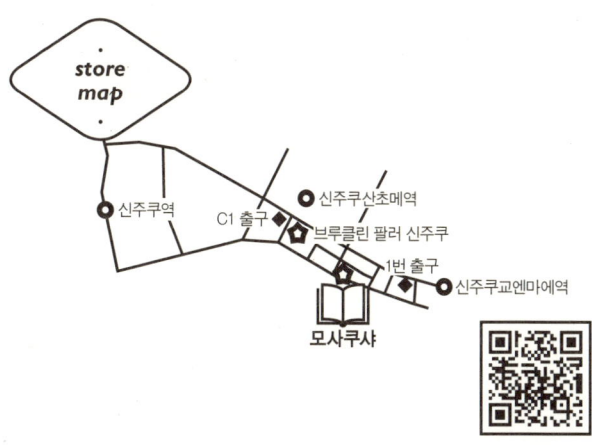

五十嵐書店

이가라시 서점

- 주소 : 도쿄도 신주쿠구 니시와세다 3-20-1 1층, 지하 1층(니시와세다역 1번 출구에서 7분)
  東京都 新宿区 西早稲田 3丁目-20-1 1階, 地下 1階 (〒169-0051)
  Tokyo-to Shinjuku-ku Nishiwaseda 3Chome-20-1 1F, BF1
- 영업시간 : 10:30~18:30 (일요일 휴무)
- 특징 : 희귀 고서적 취급. 화집, 그림책 등 전시 및 판매

🏠 www.oldbook.jp

지하 1층은 마치 고서 보관소 같은 느낌을 준다.

와세다 대학의 통학로에 위치한 45년 된 고서점. 이가라시 서점에 방문해서 받은 첫 인상은 '외관이 무척 세련됐다'였다. 오래된 고서를 취급한다고는 믿기지 않을 정도다. 지하 1층과 지상 1층을 서점으로 이용하고 있다. 사상, 종교 분야의 학술 전문 서적, 일본 역사 책, 우키요에, 미술서, 전집을 주로 취급하고 있다. 아주 오래된 책들이 대부분이고 그중에는 희귀본들도 꽤 있는 편이다. 유리 케이스에 보관 중인 책들은 오랜 세월에도 상태가 좋은 편이었다.

· book store ·

위_오래된 책들은 보존을 위해 특별히 케이스에 넣어 보관 중이다.
아래_일본 출판 흐름을 볼 수 있을 만큼 다양한 시대와 종류의 출판물을 갖추고 있다.

지상층에는 좀 더 현대적인 책을 취급한다. 미술 관련 책, 도록, 동화책 등 예술과 그림, 사진 책들이 주를 이룬다. 1층은 이 서점의 주인인 이가라시 씨가 맡고 있고, 지하는 그의 딸이 맡고 있다.

헌책방에 대한 고정관념을 바로 깨뜨린 모던한 외관과 마찬가지로 내부도 무척 훌륭했다. 군더더기 없는 내부 구조와 책장, 전시용 장식장 등은 이제 막 생긴 곳처럼 깨끗했다. 오래된 책방에서 풍길 법한 퀘퀘한 냄새는 전혀 느낄 수 없었다.

왼쪽_초판본, 활자본 등 귀한 고서적들도 구할 수 있는 드문 곳이다.
오른쪽_서점 내부는 현대와 과거의 만남을 공간 인테리어를 통해서도 구현하고 있다.

점장인 이가라시 씨와 대화도 무척 신선했다. 연세 있는 분들은 대부분 일어가 서툰 여행자를 난감해하는데 필담을 하다가 번역기도 이용해 열심히 설명을 해주셨다.
서점 앞 차양막과 명함에 병기되어 있는 'ANTIQUARIAN BOOKS'라는 표현이 마음에 안 드는 모양이었다. 책에 서점을 소개할 때 꼭 '이가라시'라고 써달라고 강조했다. 그래서 이가라시 씨의 부탁을 잊지 않겠다 다짐(!)을 하니까 서점에 대해 더 적극적으로 소개를 해주신다. 서점에 대한 프라이드와 애정을 느낄 수 있었다.

☞ mini interview

이곳의 이름에 대해 설명해주세요.
📖 이 서점의 이름은 제 성씨입니다. 제 성씨에 어떤 '책임', 자신의 책임을 짊어지기 위해서 붙였습니다.

이 설문에 참가해주시는 분을 소개해주세요.
📖 점주(대표)입니다.

이곳만의 특별한 점은 무엇입니까?
📖 일본 문화를 소개하기 위해 일본의 옛글자(고대, 중세, 근세, 근대)로 쓰인 고문서와 역사 원전을 판매하고 있습니다.

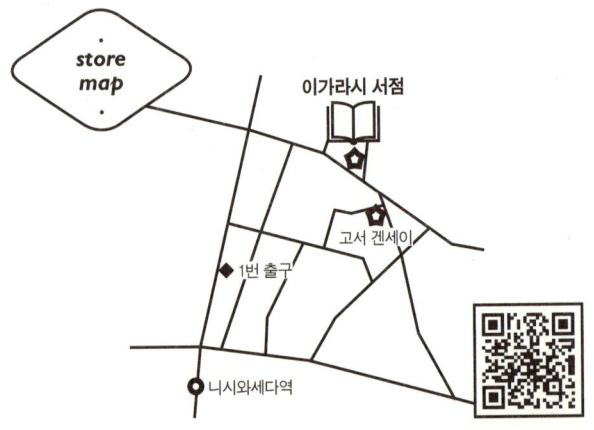

book store

貝の小鳥

Kainokotori

가이노코도리

- 주소 : 도쿄도 신주쿠구 시모오치아이 3-18-10 (메지로역에서 10분)
  東京都 新宿区 下落合 3丁目-18-10 (〒161-0033)
  Tokyo-to Shinjuku-ku Shimoochiai 3Chome-18-10
- 영업시간 : 11:00~18:00 (화요일 휴무)
- 특징 : 중고 그림책과 나무 장난감 등 소품류 취급

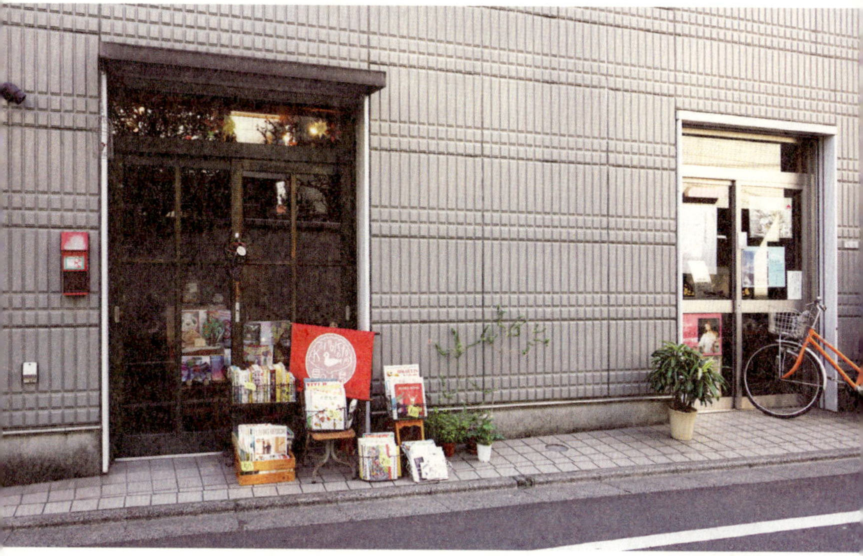

www.kainokotori.com

@kainokotori

많은 책을 두기보다는 보여주고 싶은 것에 초점을 맞춰 배열된 책장과 소품들

'조개의 작은 새'라는 신비한(?) 뜻을 가진 중고 그림책과 소품류를 취급하는 책방이다. 메지로역에서 약 300미터 가량 떨어진 이곳은 10분 정도는 걸어서 찾아갈 만한 충분한 가치가 있는 곳이다. 귀여움이 무엇인지 구경해보고 싶은 사람이라면 꼭 들러보길 바란다.

가이노코도리에 가기 전에 들렀던 포포탐에서 이곳을 추천해줘서 그렇지 않아도 들를 예정이라고 했더니 정말 귀여운 곳이라고 소녀처럼 기뻐했다. 기대처럼 서점 천장에는 작은 모빌, 풍경이 매달려 있고, 중앙 테이블에는 귀여운 목각 장난감이 놓여 있었다.

우체통에도 깨알같이 영업일에 대한 소개를 써놓았다.

일본식 아기자기함을 농축해놓은 듯한 실내는 찬찬히 살펴보길 추천한다. 살짝 어두운 실내에 익숙해지면 앤틱 장식장 안에 보관된 소품부터 책과 함께 곳곳에 놓아놓은 작은 도자기류가 만지기 아까울 정도로 예쁘다.

그 외에도 장식품, 뱃지, 그림(일러스트), 헌책(주로 동화책이나 소품집)을 전시, 판매하고 있었다. 주인장이 영어가 능숙하거나 말이 많은 편은 아니지만 차분하고 편안한 분위기로 숍에 들어온 손님을 배려해서 찬찬히 둘러보기에 좋다.

위_유리공예품도 전시, 판매 중이었다.
아래_어른을 위한 장난감이 아닐까 생각이 드는 구하기 어려운 앤틱 장난감도 꽤 있었다.

· book store ·

ポポタム

Popotame
포포탐

- 주소 : 도쿄도 도시마구 니시이케부쿠로 2-15-17 (메지로역에서 15분)
  東京都 豊島区 西池袋 2丁目-15-17 (〒171-0021)
  Tokyo-to Toshima-ku Nishiikebukuro 2Chome-15-17
- 영업시간 : 월~일요일 12:00~19:00, 금요일 12:00~20:00
  (목요일 휴무, 수요일 부정기 휴무)
- 특징 : 서점과 갤러리를 함께 운영. 다양한 생활소품 판매. 독자적인 독립출판물 발행

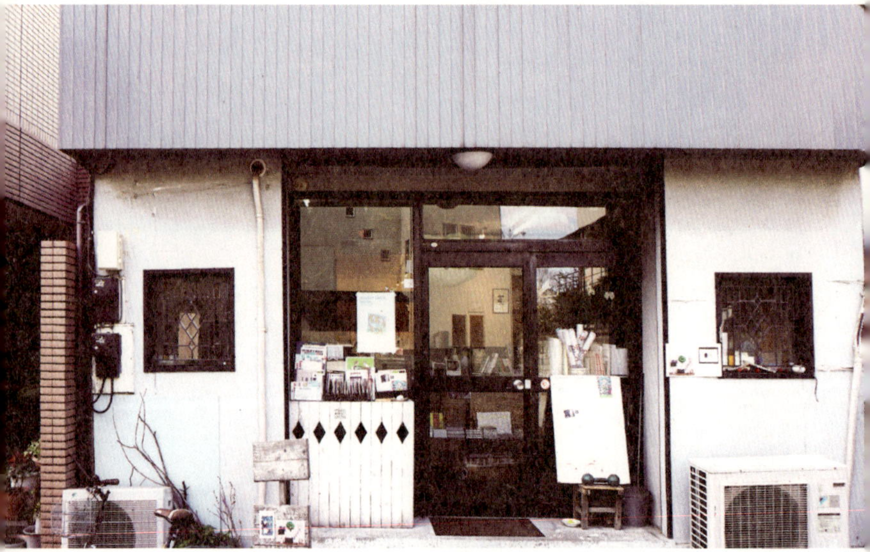

🏠 www.popotame.net
🐦 @popotame_shop
ⓕ www.facebook.com/popotameobaya
📷 www.instagram.com/popotame_shop

포포탐에 들어가기 전부터 눈을 사로잡은 스테인글라스를 통해서 빛이 아늑하게 들어온다. 왼쪽이 밖에서 바라본 창, 오른쪽이 들어가서 같은 창을 촬영한 것이다.

주인인 에리코 씨는 북에디터이자 기획자, 책방 운영 등을 겸하는 매우 열정적인 사람이다. 지금은 한국어 공부에 매진하고 있다고 하는데 간단한 한국어를 읽을 줄 알고 인사 정도를 나눌 수 있었다. 나중에 가면 한국어로 더 많은 대화를 나눌 수 있어 보였다.

매장의 절반은 갤러리, 절반은 책과 문구 등을 판매한다. 또한 포포탐 소개 팸플릿을 한국어로 번역해 비치해두었다. 한국인 친구가 번역을 해주었다고 하는데 매우 유용하니 꼭 챙겨보길 바란다. 에리코 씨는 '서울 탐구'라는 주제하에 홍대 주변의 지도를 독립출판물로 만들어 판매하기도 했다.

포포탐에서 주최한 전시를 담은 엽서와 포스터로 입간판을 대신했다.

위_대량생산 물품은 없다. 일일이 손으로 만든 작품들이 대부분이다.
아래_한국에서 출간된 독립출판물이 여기에 있었다!

포포탐에는 새 책과 헌책이 고루 있으며, 에리코 씨가 만든 독립출판물도 함께 판매하고 있다. 고무 지우개만큼 작은 사진집이나 손톱만한 인형 등 작고 귀여운 소품도 한가득이다. 이미 주변 서점들이나 도쿄 사람들에게 매우 귀여운 곳이라는 소문이 나서 멀리서도 찾아와 사진부터 찍고 들어가는 모습을 종종 볼 수 있다. 가격도 합리적인 편이라서 그냥 나오기 어렵다.

한국어 공부를 열심히 하는 만큼 한국에 대한 호감이 많은 에리코 씨는 정기적으로 한국을 찾고 있다. 서울 서대문구로 이전한 독립출판 전문 서점 유어마인드의 주인 이로 씨와 교류하면서 서로의 책방에서 출간한 책을 판매하고 있다. 일본 서점에서 한국어로 된, 그것도 독립출판물을 만나면 정말 신기한 기분이 든다.

서점 섹션에도
판매 가능한
그림 작품이
걸려 있다.

전시했었던
작품이었다는데
작은 것은
손톱만한 것도 있다.

카운터 앞으로는
생활소품과 작은
수공예품이
가지런히 놓여 있다.

· *book store* ·

전시가 진행 중인 갤러리 섹션

위_누군가 '예쁜 것'이
무엇이냐고 묻는다면 이곳에
데려오고 싶다.
중간_편집자와 갤러리
운영자의 눈으로 큐레이션한
책들을 하나씩 살펴보는
것도 큰 재미다.
아래_어디서도 살 수 없는
엽서나 편지지,
이런 것들이야말로
여행 기념품이 되기에
적당하지 않을까.

☞ mini interview

이곳의 이름에 대해 설명해주세요.
📖 포포탐(뽀뽀타무)은, 프랑스의 어린이책 『명의사 포포탐 이야기』(레오폴드 쇼보 지음)의 주인공인 하마 의사의 이름입니다.

이 설문에 참가해주시는 분을 소개해주세요.
📖 북갤러리 포포탐의 점장인 오바야시 에리코입니다.

이곳만의 특별한 점은 무엇입니까?
📖 한 가게에 갤러리와 서점이 함께 있습니다. 신간, 헌책, 외서, 독립출판물, 아트북 외에도 CD와 아티스트의 굿즈도 취급하고 있습니다. 갤러리에서는 약 2주마다 전시를 열고 있습니다. 일러스트레이션, 회화, 영상, 오브제 등을 다양하게 전시합니다. <서울 언리미티드 에디션> 등 국내외 책 관련 이벤트에 참여하고 있습니다.

Brooklyn Parlor SHINJUKU

브루클린 팔러 신주쿠

◆ 주소 : 도쿄도 신주쿠구 신주쿠 3-1-26 신주쿠 마루이아넥스 지하 1층
   (신주쿠산초메역 C1 출구에서 3분)
   東京都 新宿区 新宿 3丁目-1-26 新宿 マルイ アネックス 地下 1階 (〒160-0022)
   Tokyo-to Shinjuku-ku Shinjuku 3Chome-1-26 Shinjuku Marui Annex B1F
◆ 영업시간 : 11:30~23:30, 일·공휴일 11:30~23:00 (부정기 휴업)
◆ 특징 : 재즈, 힙합, 순수문학, 서브컬처 등 관련 책 취급. 간단한 식사부터 칵테일까지 즐길 수 있다.

🏠 www.brooklynparlor.co.jp/shinjuku
🐦 @BrooklynParlor
ⓕ www.facebook.com/Brooklyn Parlor
📷 www.instagram.com/brooklynparlor

꽤나 넓은 안쪽 자리 한 벽면은 모두 책장으로 꾸며져 있다. 판매하는 책이니 소중히 다뤄달라는 메시지도 함께 써 있다.

블루노트 재팬이 브루클린을 모티프로 해 프로듀싱한 공간이다. 책과 음악, 음식을 한번에 즐길 수 있는 밤에 더 인기 있는 신주쿠의 핫플레이스다.

마루이아넥스백화점 지하1층에 위치한 이곳은 일본의 여느 가게와 다르게 빌딩 외벽에 조명과 함께 가게 상호가 크게 써 있어 찾기 쉬운 편이다. 반면에 숍 입구는 매우 정갈하고 조용한 편이다. 문을 열고 들어서서야 왜 이곳이 '브루클린 팔러'인지 알 수 있었다. 1920~30년대 음악과 재즈 음악을 주로 틀어주는데 대화와 음악 감상 두 가지를 모두 할 수 있는 적당한 데시벨을 유지하고 있다. 일본은 아직 실내 흡연이 허용돼서 흡연 가능석과 금연석을 고를 수 있다. 음료, 주류, 간단한 안주, 식사 모두 가능하다. 책은 모두 판매용이며, 유리 부스로 된 한쪽 벽은 예술서적을 전시하고 있다. '브루클린 팔러 신주쿠'에서 자체 제작한 소품과 문구류도 함께 판매한다.

· book cafe ·

위_예술서적 중 귀한 책은 따로 전시해놓았다.
아래_이곳에서만 판매하는 '브루클린 팔러 신주쿠' 굿즈들이 다양하게 준비되어 있다.

입구 쪽에 있는 대형 테이블에는
꽃과 화분 장식이 되어 있다.

실내가 어두운 편이지만 간접조명을
활용해 책과 소품을 구경하기 편하다.

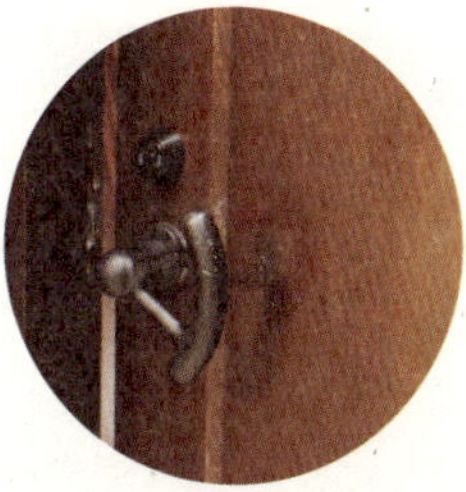

화장실 문고리도 색다른 장식이 있어서
카메라를 놓을 수 없는 곳이었다.

정기, 부정기 연주회도 열고 있어서 이곳에 비치된 팸플릿을 참조하거나 홈페이지를 통해 국내외 연주자들의 라이브 연주를 들을 수 있다.

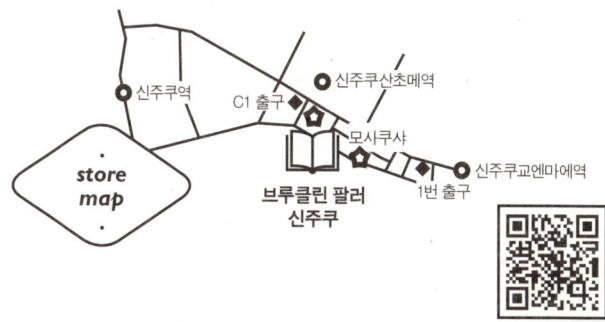

· book cafe ·

book cafe

CAT'S CRADLE

캣츠 크래들

- 주소 : 도쿄도 신주쿠구 와세다쓰루마키초 538 (와세다역 3a 출구에서 5분)
  東京都 新宿区 早稲田鶴巻町 538 (〒162-0041)
  Tokyo-to Shinjuku-ku Wasedatsurumakicho 538
- 영업시간 : 월·수~토요일 11:30~21:45, 일요일 11:30~17:45 (화요일, 공휴일 휴무)
- 특징 : 여행 관련 책 취급

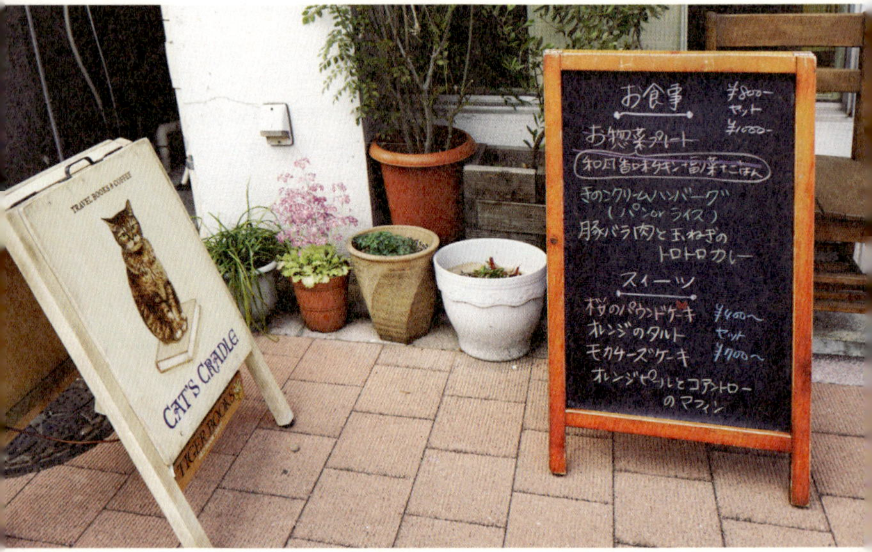

간단한 식사도 할 수 있는 곳이라
음식 조리에 정신 없었는데도
친절하게 응대해주었다.
그런데 '아마도' 올해까지만 일하게
될 것 같다니… 아쉬움이 컸다.

여행을 좋아하는 후치가미 부부가 운영하는 여행 전문 북카페. 차와 간단한 식사를 할 수 있으며, 중앙에 위치한 몇 개의 작은 테이블에 둘러앉아 여행책을 가져와서 보면 된다. 여행광인 주인 부부가 모아온 많은 책들에는 『지구를 걷는 법』를 비롯한 여행책, 프랑스 가정 요리 책, 문학 관련 책, 만화책도 있다. 하지만 아쉽게도 2017년까지만 매장을 운영할 계획이라고 한다. 사라지기에는 아쉬운 이 공간을 만나고 싶다면 늦지 않게 방문해야 할 것이다.

· book cafe ·

도쿄의 중심부 중 하나다. 니혼바시, 긴자, 스키지, 스키지마 등이 주요 지역이다. 일본은행 본점, 도쿄 증권거래소 등 경제 중추와 일본을 대표하는 백화점 중 하나인 미쓰코시 본점이 있다. 긴자는 일본 내에서 가장 유명하고 고급스러운 상점들이 즐비한 곳이어서 많은 사람들이 찾는 곳이다. 스키지는 도쿄에서 필요한 생선이 다 모인다고 하는 큰 수산시장이 있고, 유명한 초밥집도 많다.

긴자
도쿄역

I. 주오구

LIXIL BOOK GALLERY

릭실 북갤러리

- 주소 : 도쿄도 주오구 교바시 3-6-18 릭실:긴자 1층 (교바시역 2번 출구에서 1분)
  東京都 中央区 京橋 3丁目-6-18 LIXIL:GINZA 1階 (〒104-0031)
  Tokyo-to Chuo-ku Kyobashi 3Chome-6-18 LIXIL:GINZA 1F
- 영업시간 : 10:00~18:00 (수요일, 하절기, 연말연시 등 휴무)
- 특징 : 건축, 인테리어, 도자기, 디자인 등과 관련된 책 취급. 갤러리 운영

www1.lixil.co.jp/bookgallery
www.facebook.com/lixilcorporation

입구에서 바라본 서가 부분의 모습

백화점과 명품 매장이 즐비한 긴자 거리에 위치한 북갤러리다. 건축재료·주택 설비기기 관련 대기업인 릭실LIXIL에서 운영하는 북갤러리로 기업이 운영한다는 느낌은 전혀 받을 수 없다. 긴자 거리의 분위기에 맞게 새 책 위주로 장사하는 곳일 듯하지만 내부는 마치 개성 있는 헌책방 같은 특별한 모습이다.

건축 관련 책들이 많긴 하지만 학문적 내용보다는 건물의 구성요소인 나무나 타일 등의 소재, 조명 관련, 인테리어에 대한 다양한 책들이 있다. 뿐만 아니라 식생활, 각 분야별 디자인 서적, 전통이나 지역 문화, 생태, 민속학, 가드닝, 별자리에 관련된 책까지, 삶을 풍요롭게 만들어 주는 개성 있는 책들이 자리하고 있다.

2미터 남짓한 폭으로 길쭉한 사각형의 공간 양쪽에는 분야별로 구분된 책장이, 매장 가운데에는 문고본 등을 눕혀놓은 낮은 진열대가 있다. 아름다운 장정의 릭실 그룹 자체 출판의 책도 안테나숍으로 만나볼 수 있다. 2층에는 릭실 갤러리가 있어 백자나 옷감, 텍스타일 등과 관련한 깊이 있는 전시를 상시 개최한다.

Original Book Fair의 포스터. 왼쪽이 2017년 2~3월의 '멋진 친구들', 오른쪽이 4~5월 '의식주를 키우다'에 대한 포스터다.

2005년부터 2개월 마다 'Original Book Fair'라는 이름으로 공통된 주제에 대한 서로 다른 장르의 책을 홈페이지에 소개하고 있다. 2017년의 2~3월에는 '멋진 친구들'에 대한 주제로 『플라다스의 개』, 『100만 번 산 고양이』 등의 책을, 4~5월은 '의식주를 키우다'라는 주제로 단층집에 사는 20쌍의 생활을 집과 함께 소개한 책을 첫 번째로 소개하고 있다. 기업의 메세나 활동이 무엇인가에 대한 전형을 보여주는 공간이다.

森岡書店

Morioka shoten
모리오카 서점

- 주소 : 도쿄도 주오구 긴자 1-28-15 스즈키 빌딩 1층 (신토미초역 2번 출구에서 3분)
  東京都 中央区 銀座 1丁目-28-15 鈴木ビル 1階 (〒104-0061)
  Tokyo-to Chuo-ku Ginza 1Chome-28-15 Suzuki Building 1F
- 영업시간 : 13:00~20:00 (월요일 휴무)
- 특징 : '하나의 방, 하나의 책(一冊,一室)'이라는 모토로 1·2주에 한 권의 책을 전시

---

www.facebook.com/yoshiyuki.morioka.7

한국에도 널리 알려진 이곳은 한 권의 책만을 '전시·판매'하는 곳이다. 주인인 요시유키 모리오카 씨는 잇세이도 서점과 헌책방 등에서 오랫동안 서점 직원으로 일했다. 가야바초에 처음 자신의 성을 딴 서점을 2006년에 열면서 사진집, 예술, 그래픽 관련 서적 등을 주로 취급했다. 10년 정도 운영한 뒤에 새로운 일을 하고 싶다는 생각에 2015년 1월 긴자에 두번째 모리오카 서점을 열게 되었다고 한다.

한 권의 책만이 주어지면 책을 더 깊게 이해할 수 있으며, 책과 깊은 관계를 맺으면 독서의 즐거움 또한 커진다고 생각했단다. 그래서 '하나의 방, 하나의 책'을 테마로 한 지금의 서점을 열게 되었다고 한다.

현재의 모리오카 서점은 한 권의 책과 그 책으로부터 파생되는 것들을 전시·판매하는 곳이다. 선정한 책이 헌책이라면 헌책을, 화집이라면 그림을, 사진집이라면 사진을 같이 배치하는 방식으로, 주제에 따라 책방의 분위기가 바뀐다. 전시가 끝난 책과 관련된 것들은 보관하지 않아서 전시 기간에만 볼 수 있다. 단순히 책을 진열하는 데에만 그치는 것이 아니라 전시 기간 동안에 책을 만든 저자, 편집자, 디자이너 등 관련된 사람들에게 되도록 서점에 머무르도록 부탁해 공간을 찾는 독자들이 책과 깊은 관계를 맺을 수 있도록 배려하고 있다.

그리고 서점이 있는 스즈키 빌딩은 1929년에 지어진 것으로 1939년 일본의 문화를 다루는 잡지 《NIPPON》 등을 발행하던 일본공방Japan Kobo이 있던 곳이다.

처음 서점을 열었던 가야바초도 1927년부터 있던 낡은 건물이었다. 잇세이도 서점에서 일하게 된 이유 중 하나도 전쟁 전 세워진 오래된 건물의 매력 때문일 정도로 모리오카 씨는 도쿄의 근대 건축과 낡은 건물들에 많은 관심을 갖고 있다.

모리오카 서점에는 별다른 간판이 없어 유리의 레터링을 보고 알 수 있을 뿐이다.

모리오카 서점의 로고 타입과 이를 응용해 만든 에코백. 도쿄와 런던에 사무실이 있는 디자인 에이전시 타카람과 협업했다.

책을 선정하는 기준에는 어떠한 원칙도 없다. 전시된 책은 일주일에 약 100권 정도가 팔리고, 판매량은 꾸준히 증가하고 있다고 한다.

디자인 그룹 타카람이 참여한 서점의 담백한 로고와 마름모 꼴의 방을 나타내는 심볼, 주소가 곧 로고인 아이덴티티가 모리오카 씨의 성정과 맞다고 생각되었다. 다섯 평의 작은 공간에서 그가 써내려갈 서점의 이야기들이 계속 궁금할 것이다.

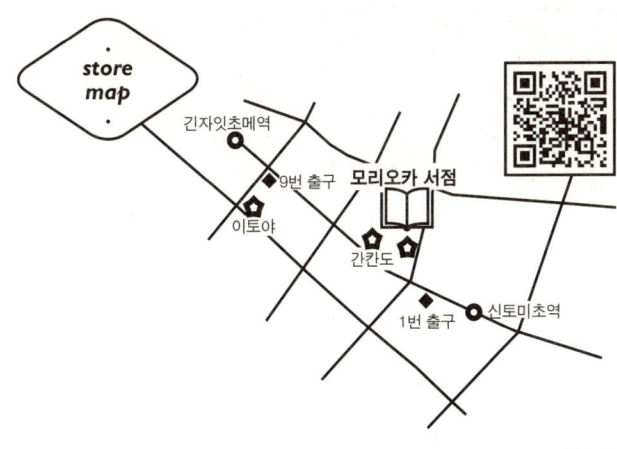

· book store ·

itoya

이토야

- ◆ 주소 : 도쿄도 주오구 긴자 2-7-15 (긴자잇쵸메역 9번 출구에서 1분)
  東京都 中央区 銀座 2丁目-7-15 (〒104-0061)
  Tokyo-to Chuo-ku Ginza 2Chome-7-15
- ◆ 영업시간 : 10:00~20:00, 일·공휴일 10:00~19:00
- ◆ 특징 : 층마다 다른 콘셉트로 운영되는 100년 넘은 역사를 지닌 대형 문구점

🏠 www.ito-ya.co.jp
🐦 @Ginza_Itoya
f www.facebook.com/itoya.jp

'SHARE'라고 부르는 2층에는 편지지, 엽서, 봉투, 만년필, 잉크 등 감사·기쁨의 마음을 표현하기 위한 아이템들이 모여 있다.

1904년메이지37에 창업해 100년이 넘도록 도쿄에서 대중적으로 사랑받는 문구점이다. 건물 밖 이토야라고 적혀 있는 까만 큐브 모양 간판 위의 빨간색 클립은 이토야의 상징이다. 일본 문화를 선도해온 긴자에 위치한 본점은 대대적으로 리뉴얼해 2015년 6월 플로어마다 다른 콘셉트를 가지고 있는 'G.Itoya'로 재개장했다.

문구는 '물건을 쓰고 문화를 표현하는 도구'이며, 이토야는 문구를 통해 문화를 일군다라는 자부심을 가지고 있다. 문화 표현의 도구가 스마트폰 등의 전자기기로 옮겨가는 추세지만 그럴수록 문구는 사람들에게 더욱 다가가 한 사람을 표현하는 개인 아이템으로 진화해나가야 한다고 말한다. 연필, 만년필, 노트 등 이토야가 '쓰는 것'이라고 부르는 것들로 종이에 쓸 때 손끝으로 느끼는 미세한 진동의 기쁨 또한 이토야가 지키고 싶은 가치다.

· stationery store ·

G.Itoya 1층 외관은 커다란 대형 유리창에 시즌별로 어울리는 POP로 디스플레이한다. 우리가 방문한 3월에는 종이인형 콘셉트로 디자인된 광고판이 걸려 있었다. 한 외국인 관광객은 이토야의 외부 간판을 사진으로 찍고 있었다.

언뜻 보면 한국에 있는 대형서점의 문구류 판매점과 유사해 보이지만 고객 입장에서 배려하고 편의성, 공간의 콘셉트 기획 등이 유니크하다. 긴자 주오도리 길가의 'G.Itoya'는 본점격이고 뒷골목에는 별관인 'K.Itoya'가 있다. 고급 만년필, 화구류, 일본 전통 종이공예인 오리가미 등 특별한 콘셉트의 문구는 K.Itoya에서 구입할 수 있다.

G.Itoya 1~8층은 각기 다른 콘셉트의 플로어, 12층은 카페 스틸로CAFE Stylo라는 이름의 샌프란시스코의 식문화에 영향을 받은 레스토랑이 있다.

재개관한 이토야 빌딩 내부의 이모저모. 소재와 색상의 조화에 많은 공을 들인 것을 알 수 있다. 전반적으로 화이트의 다양한 재질로 마감하고 나무 소재로 된 집기로 꾸몄다. 단순하지만 꼭 필요한 정보만 표시한 각종 표시물과 엘리베이터 문은 미니멀리즘의 극치를 보여준다.

· *stationery store* ·

계산대에서 필기구를 빌릴 수 있다.
오리지널 디자인의 이토야 우표도 판매한다.

여기서 구입한 편지지를 사용한 후
매장 내의 우편함에 넣으면
실제로 편지가 전달된다.

구매한 제품을 긴자 거리가 훤히
내려다보이는 창가 테이블에 앉아서
사용해볼 수 있다. 한쪽에는 이토야
인장을 찍을 수 있는 소형 프레스
등도 마련되어 있다. 구매하는 사람의
마음을 읽는 섬세한 큐레이션이
돋보이는 공간이다.

3층의 데스크 플로어에서는 실용적인
제품을 찾는 고객들이 모든 필기구를
직접 써보고 구입할 수 있도록 했다.

이토야를 상징하는 빨간 클립 조형물. 개성
있는 빌딩이 즐비한 긴자의 거리에서도 한
눈에 알아볼 법한 독특함을 간판에서부터
뽐낸다.

이토야의 오리지널 서비스 중 하나인 세상에 하나뿐인 노트를 주문 제작해주는 서비스 코너. 마음에 드는 종이에 필기 테스트를 할 수 있는 테이블이 마련되어 있다.

G.Itoya 각 층은 서로 다른 콘셉트의 공간으로 꾸며졌다. 2층은 'Share'로 불리며 편지를 써서 보낼 수 있도록 했다. 3층 'Desk'에서는 모든 필기구를 써볼 수 있다. 4층의 'Meeting'에서는 원하는 표지와 속지를 고르면 고객의 앞에서 바로 노트를 만들어준다. 5층은 'Travel'로 비지니스 여행을 도와주는 세련된 아이템들이 가득하다.

7층은 '다케오미혼초竹尾見本帖 at Itoya'로 제지회사 다케오竹尾와 협업하여 꾸며놓은 공간이다. 아름답고 다양한 종이가 가득해서 그 압도감만으로도 절로 탄성이 나오는 공간이다. 8층은 'Craft'로 크라프트지 등의 각종 포장지가 모여 있다.

문구류만으로 이러한 대형 매장을 큐레이션할 수 있는 기획력과 콘셉트, 인프라가 일견 부럽기도 하다. 113년의 전통이 결코 쉽게 이뤄지지 않았다는 것을 알 수 있다.

이토야는 아날로그적인 순간을 아끼는 고객에게 시간이 흐르는 것을 잊고 종이와 각종 필기구에 몰두하며 느낄 수 있는 소중한 시간을 선물한다.

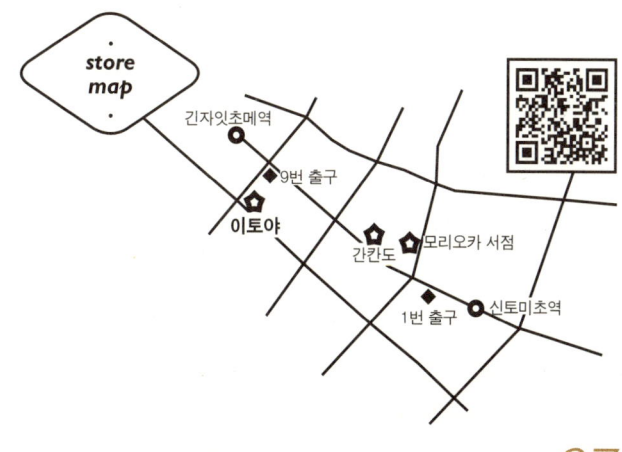

· stationery store ·

도쿄의 중심부에 위치해 있으며 나가타초, 가스미가세키, 오테마치, 마루노우치, 아키하바라, 유라쿠초, 리다바시 등이 주요 지역이다. 도쿄 특별구 중에서 인구밀도가 가장 낮은 곳이다. 이유는 고쿄(천황 주거지), 경시청(도쿄 경찰 본부), 국회, 내각총리대신 관저, 최고재판소 같은 기관들이 모여 있기 때문이다. 15개의 대사관이 있고, 조총련 중앙본부도 있다. 우리에게는 악명 높은 야스쿠니 신사도 이 지역에 있다.

源喜堂書店

Genkido shoten
겐키도 서점

- 주소 : 도쿄도 지요다구 간다 오가와마치 3-1-9 (오가와마치역 A6 출구에서 7분)
  東京都 千代田区 神田小川町 3丁目-1-9 (〒101-0052)
  Tokyo-to Chiyoda-ku Kanda-ogawamachi 3Chome-1-9
- 영업시간 : 10:30~19:00 (일요일 휴무, 공휴일은 18:30까지 영업 또는 부정기 휴무)
- 특징 : 화집, 사진집, 그림책, 카탈로그 등 미술 관련 서적, 고문서 등 취급

www.genkido.jp

왼쪽_포스터, 화집 등이 문 밖 계단을 따라 진열되어 있다. 품질이 좋은 화집 등을 합리적인 가격에 구매할 수 있다.
오른쪽_매장 안은 거리가 훤히 보이는 통 유리창을 따라 책을 잔뜩 쌓아놓았다. 눈 밝은 사람에게는 보물 같은 아름다운 책들이 무심하게 누워 있다.

겐키도 서점은 미술 전문 헌책방이다. 일본과 해외의 미술 화집, 사진집, 디자인 도서, 공예서, 평론집, 건축서, 전람회 도록, 포스터, 고문서에 이르기까지 목록도 다양하다.

예술 편집 매장처럼 진열하지 않고 관련 자료는 가리지 않고 수집하고 있다. 그래서인지 희귀 서적도 종종 발견할 수 있어서 전문가와 애호가 등에게 인기가 많다.

책방 바깥쪽에도 전시 포스터들이 붙어 있었고, 시리즈 할인을 하는 화집 등이 책방 입구로 난 반층 정도의 계단에 쌓여 있다. 책방 안으로 들어서면 입이 쩍 벌어질 정도로 어마어마한 양의 고서들을 맞닥뜨리게 된다. 현재 위치한 책방으로 옮기면서 기존 보유 서적에 맞게 책장을 짜넣어 대형 화집도 가능한 세워서 보관하고 있다. 친필 서화나 판화 등의 고문서를 중심으로 한 목록을 연 1회 발행한다고 한다.

꼭 구해야 될 책은 발품을 팔아 찾아내면서 쌓인 미술 서적 전문성을 바탕으로 한 독보적인 헌책방이다.

· book store ·

▼미술 작가의 생애와 전체 작품 이미지, 소장처, 전시 및 경매 이력, 문헌 자료 등 검증된 정보가 수록되어 가장 신뢰할 만한 자료이자 미술 감정의 기초자료가 되는 전문서다.

홈페이지에는 추천도서 목록 탭이 있는데 해당 도서의 이미지, 제목, 연도, 가격, 매절 여부 등을 표시했다. 유럽 타이포그래피, 쿠바 포스터 도감, 브루노 무나리 도록, 로버트 프랭크 사진집, 장 젠센 석판화집, 프랑켄 살라 카탈로그 레조네▼, 왕유의 문인화집, 스기우라 고헤이 작품집 등 잠깐 훑어보는데도 탐나는 목록이 가득하다.

源(근원), 喜(기쁘다). 예술 활동이 기본적으로는 인간의 근원의 즐거움을 표현하는 것이라 할 때 이곳에서 그 즐거움을 얻을 수 있으니 참으로 어울리는 이름이다.

저자와 제목 등을 일본어로 적은 띠지들이 거의 빠짐없이 걸려 있다. 해외 서적을 찾는 데 어려움을 느끼는 손님들에게 인기 있는 방법이라고 한다.

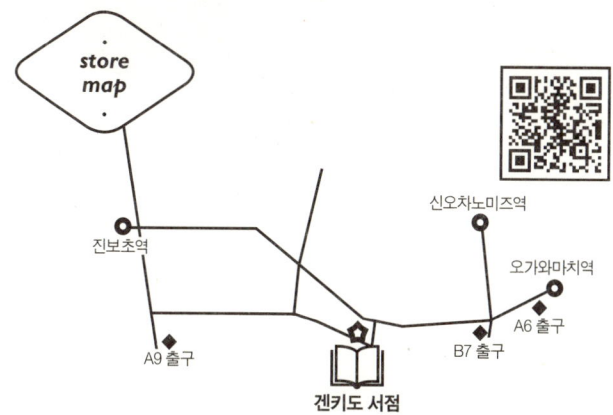

· book store ·

NANYODO

南洋堂
난요도

- 주소 : 도쿄도 지요다구 간다 진보초 1-21-1 (진보초역 A7 출구 8분 거리)
  東京都 千代田区 神田神保町 1丁目-21-1 (〒101-0051)
  Tokyo-to Chiyoda-ku Kanda-jimbocho 1Chome-21-1
- 영업시간 : 10:30~18:30 (일요일 휴무)
- 특징 : 건축 전문 서점, 신간과 구간 모두 취급

🏠 www.nanyodo.co.jp
f www.facebook.com/nanyodo

Architectural Bookshop In Tokyo, JAPAN_by NANYODO

난요도는 진보초 고서 거리 안쪽에 위치한 건축 전문 책방이다. 건물에서부터 건축 전문 책방으로서의 분위기가 물씬 풍긴다. 우리나라의 건축가나 건축을 공부하는 학생들에게도 꽤 추천받는 곳이기도 하다. 학술 서적, 잡지, 도록, 고서, 아트북, 화집, 사진집 등 건축에 관련된 다양한 서적을 보유·판매하고 있다.
지금의 자리에서는 1997년부터 운영하고 있으며 2007년에 대대적인 리뉴얼을 거쳐 지금의 모습이 탄생되었다.

· book store ·

홈페이지 정보란의 실제 설립연도는 1920년대라고 되어 있다. 설립한 지 100년이 다 되어가는 서점이라니!

전체 5층인 건물의 1층과 2층을 서점으로 사용하고 있다. 3층에는 희귀본의 건축 서적들이 있다고 하는데 일주일 중에 단 하루인 매주 토요일 14:00~18:00에 고서적 코너를 일반에 공개한다.

2007년 리모델링 당시 외관에 큰 유리창이 설치되었는데 이 큰 유리는 2014년까지 'Nanyodo Window Gallery'라는 이름으로 책에 얽힌 드로잉이나 내용을 윈도우 페인팅 등으로 그려 넣는 콘셉트로 사용했다. 다양한 건축가, 문필가, 일러스트레이터 등이 참여했는데 안도 타다오 Tadao Ando도 2009년에 참여했다. 현재는 윈도우 페인팅은 하지 않고 전시 포스터 등을 부착하는 데 사용하고 있다. 도쿄의 책방들이 독자에게 책을 '연결'시키기 위한 다양한 실험들을 시도하고 있음을 이번 탐방을 통해 포착했는데 난요도 또한 그러하다. 홈페이지에서 그날 탄생한 건축가를 소개하고 간략한 약력을 소개하는데 이름을 클릭하면 관련된 책의 리스트로 넘어가 구매할 수 있도록 해놓았다. 또 하나는, ARCHITECT라는 공간을 만들어 건축가들의 캐리커처가 알파벳 순으로 나열되어 그림을 클릭하면 역시 책의 리스트로 넘어간다. 참신하다!

왼쪽_난요도 서점의 로고. 건축과 관련된 공간임이 그래픽적으로 표현되어 있다.
오른쪽_작가의 캐리커처를 클릭하면 각 건축가의 책 목록으로 이동, 관련 도서를 구매할 수 있다. 일러스트레이션은 닛케이 아키텍처의 편집장이자 쇼와 시대의 모던 건축 순례기를 쓰기도 한 미야자와 히로시다.

노출 콘크리트 외관과 검정색 금속 프레임의 유리문은 군더더기 없이 정갈함을 느끼게 한다.

건물 3층에는 희귀본이 된
건축 서적들을 매주 토요일
일반에 공개한다.

윈도우 페인팅을 하던 큰 창에는
현재 전시 포스터 부착 등 용도로
사용하는데 탐방 당시에는 바우하우스
건축에 대한 포스터가 부착되어 있었다.

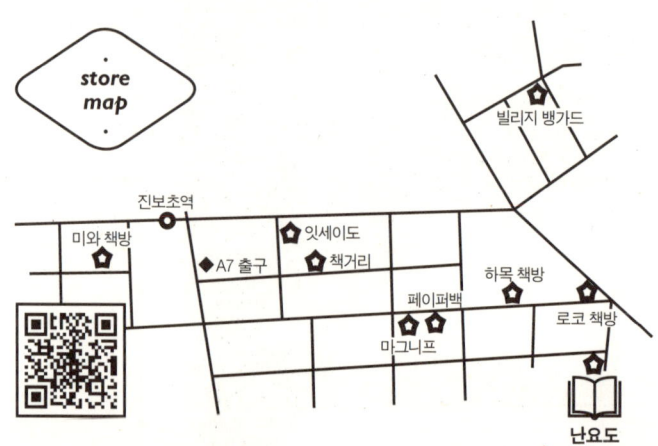

呂古書房

Loco shobou
로코 책방

◆ 주소 : 도쿄도 지요다구 간다 진보초 1-1 쿠라타 빌딩 4F (진보초역 A7 출구에서 7분)
東京都 千代田区 神田神保町 1丁目-1 倉田ビル 4階 (〒101-0051)
Tokyo-to Chiyoda-ku Kanda-jimbocho 1Chome-1 Kurata Building 4F

◆ 영업시간 : 10:30~18:30 (일요일·공휴일 휴무)

◆ 특징 : 어린이책, 그림책을 전문적으로 파는 헌책방. 마메홍(豆本, 콩알책)으로 유명하다.

locoshobou.jimbou.net

로코 책방이 위치한 쿠라타 빌딩은 공사중이었는데 책방 입간판이 건물 앞에 놓여 있어 금세 찾을 수 있었다. 엘리베이터를 타고 4층에서 내리니 로코 책방의 예쁜 로고가 눈앞에 나타났다. 정사각형 구조의 매장 내에는 계산대를 제외하고는 판화, 그림책, 어린이책, 장서표, 목각 인형 등 섬세한 취향으로 큐레이션한 사랑스러운 물건들로 가득 차 있었다.

유리장 속에는 주로 고서들이나 옛 문방용품 등이 진열되어 있다. 제법 크기가 큰 오래된 그림책들도 표지가 보이도록 눕혀서 진열되어 있다. 차일드북 같은 오래된 어린이책 잡지도 있다. 그림책은 들어보지 못한 제목들이 더 많이 보인다.

로코 책방은 일본에서 유일한 마메홍(豆本, 이하 콩알책) 전문 책방이다. 점주인 니시오 히로코 씨는 진보초의 고서점에서 근무하던 당시 콩알책을 처음 만난 후 매료되었다고 한다.

중앙의 진열대에는 가로세로 3X5센티미터 정도의 작은 책들이 죽 놓여 있다. 문학, 평론, 에세이, 기행문, 어린이책 등 분야도 다양하다. 책일까 싶은데 글자와 그림이 또박또박 제대로 박혀 있다.

콩알책은 크기와 모양도 다양하다. 손바닥 만한 크기에서부터 명함의 반 만한 크기도 있다. 모양도 대부분은 사각이지만 삼각도 있고, 둥근 형태도 있다. 성냥갑으로 만들어진 콩알책도 있다. 대부분의 콩알책은 한정판이라고 한다.

まめほん, 일명 '콩알책'. 애호가에게만 나누어주는 예쁘게 꾸민 아주 작은 책을 말한다. 우리나라에서는 수진본(袖珍本)으로 불렸으며, '소매 속에 넣고 다닐 수 있게 만든 보배로운 작은 책'이라는 뜻이다. 1984년 한국출판판매주식회사에서 제1회 세계 좁쌀책 전시회를 개최하면서 우리 고유의 이름을 공모했는데 그때 콩알보다 더 작은 책이라는 의미로 '좁쌀책'이라는 명칭이 생겼다. 미국에서는 미니어처북Miniature book이라고 한다.

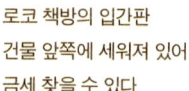
로코 책방의 입간판
건물 앞쪽에 세워져 있어
금세 찾을 수 있다.

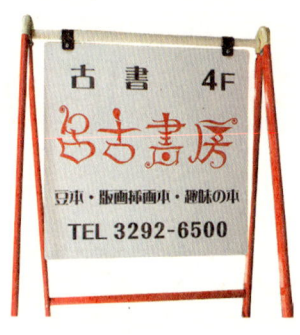

히로코 씨는 — 물론 읽을 수 없는 콩알책도 있지만 — 단순히 수집만 하는 콩알책이라기보다 그 크기로서의 존재감이 분명하며 상품으로서의 존재감도 동시에 지닌 예술 작품으로서의 콩알책에 빠지게 되었다. 그래서 독립을 하게 되면 콩알책 취급 서점을 하리라 마음 먹었단다.

일본의 콩알책은 여성과 아이들의 오락용 장난감으로 에도 시대에도 있었다고 한다. 한때는 콩알책을 제작하는 공방이나 작가들이 많았는데 지금은 콩알책을 만들어주던 제본 가게도 많이 사라지면서 비용이 높아져 한 번에 만드는 수량이 많으면 2~300부, 대부분 3~50부 정도라고 한다. 개인이 취미로 하는 경우가 꽤 있다.

로코 책방에서 콩알책을 하나 하나 들여다보니 어느새 콩알책의 매력에 제대로 빠져버렸다. 언젠가 한 번 만들어 보리라.

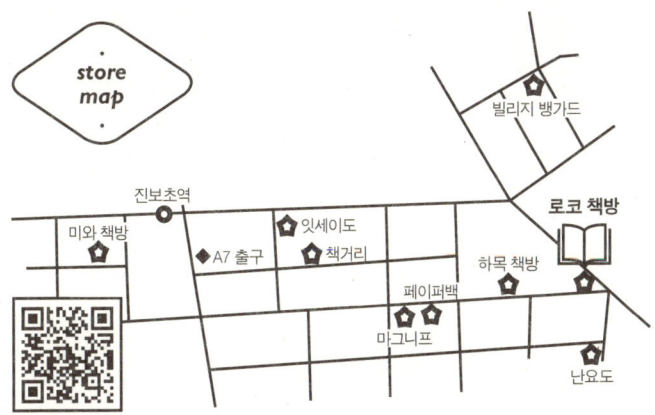

· book store ·

magnif_Zinebocho

마그니프

- ◆ 주소 : 도쿄도 지요다구 간다 진보초 1-17 (진보초역 A7 출구에서 5분)
  東京都 千代田区 神田神保町 1丁目-17 (〒101-0051)
  Tokyo-do Chiyoda-ku Kanda-jimbocho 1Chome-17
- ◆ 영업시간 : 11:00~19:00 (부정기 휴무)
- ◆ 특징 : 패션, 예술, 문화 관련 잡지 과월호와 사진 관련 서적도 취급

🏠 www.magnif.jp
f www.facebook.com/magnif.jp
📷 www.instagram.com/magnif_zinebocho

깔끔하게 포장된 옛날 잡지 오른편에는 작은 장식품들이 들어 있는 서랍장이 있었다. 서랍을 열면 작은 뱃지와 옛날 포스터, 사진엽서 등이 있다.

used books / magazine back issues / fashion, art, life style, subculture_by magnif

마그니프는 과월호 잡지와 사진집, 사진 관련 서적 등을 취급하는 헌책방이다. 'magnif'는 magazine를 이용해 만든 조어라고 한다. 잡지는 소설 및 단행본 류와 달리 패션, 광고 등 당시의 '시대'를 그대로 담고 있어 과월호 잡지 '책'은 그리울 뿐만 아니라 오히려 신선하고 자극적이다.

외국에서 발행된 희귀 잡지들과 사진집 등이 서가를 채우고 있었다.

신기한 보물 창고 같은 마그니프 매장의 이모저모

안쪽에 자리잡은 카운터를
중심으로 비교적 최근에
발행된 잡지와 사진집들이
있었다.

잡지와 함께 세계에서 모은 장식품들이 서점 곳곳에 숨어 있다.

우리나라에서도 상업 매장에 관련 책들로 북 섹션을 만들어 꾸미는 경우가 늘어나고 있는데 도쿄는 북큐레이터라는 직업 관련 사례들이 10여 년 전부터 있었다. 마그니프도 하라주쿠 등의 패션 브랜드숍 디스플레이 요청을 받아 잡지를 제공한다고 한다.

마그니프에는 패션이나 사진, 디자인을 좋아하는 사람들의 마음을 훔치는 타이틀이 구석구석 보석처럼 박혀 있다. 명품 패션 브랜드에서 한정판으로 펴낸 잡지의 초판, 레트로풍의 타블로이드, 잡지 부록의 한정판 패션 사진집 등등. 매장 중간의 보드 진열대를 열어보면 귀여운 소품들도 있는데 키링, 뱃지, 복고풍 포스터, 인형들…. 지나간 시대의 향수를 자극하는 보물 창고 같은 마그니프를 꼭 들러보길 권한다.

☞ *mini interview*

이곳의 이름에 대해 설명해 주세요.
📖 'magazine'에서 따온 조어입니다. '잡지의 헌책방'이라는 의미입니다.

이 설문에 참가해주시는 분을 소개해주세요.
📖 점주입니다.

이곳만의 특별한 점은 무엇입니까?
📖 잡지, 그것도 패션잡지를 취급하고 있습니다.

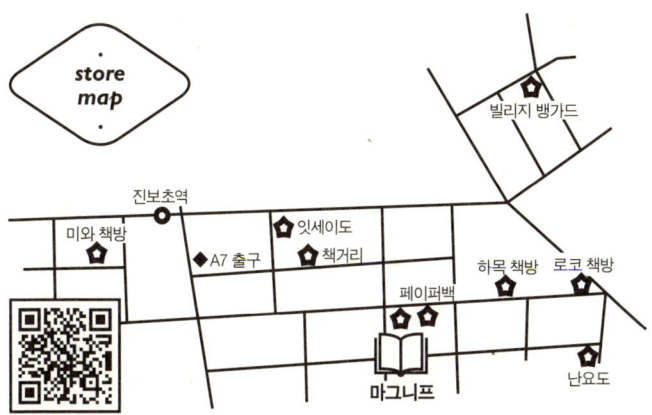

· book store ·

Village Vanguard Ochanomizu

빌리지 뱅가드 오차노미즈

- 주소 : 도쿄도 지요다구 간다 오가와마치 3-14-3 일루사 빌딩 지하1층 (진보초 역 A7 출구에서 5분)
  東京都 千代田区 神田小川町 3丁目-14-3 ILUSAビル 地下1階 (〒 101-0052)
  Tokyo-do Chiyoda-ku Kanda-Ogawamachi 3Chome-14-3 ILUSA building B1F
- 영업시간 : 10:00~23:00 (연중무휴)
- 특징 : 놀이가 있는 서점. 책과 함께 파생될 수 있는 재미있는 잡화를 함께 판매

www.village-v.co.jp

에코백을 프린트된 부분만 보이게 포장을 해서 벽에 포스터처럼 장식해놓았다.

Exciting Book Store_by Village Vanguard

빌리지 뱅가드는 1980년대 현 대표이사인 기구치 게이치 씨가 나고야시에서 책과 잡화를 함께 판매하는 것으로 시작했다. 도쿄에서는 1998년에 대학가인 시모기타자와에서 플래그십 스토어로 시작했으며 익사이팅 북스토어, 일명 '노는 서점'을 표방한다. 전국의 점포 수가 500여 개에 달한다고 한다!

책방 운영이나 다른 업종이라도 파격적인 아이디어를 찾는다면 빼놓지 말아야 할 곳이다. 각 지역의 특성에 따라 다른 구성을 갖춘다. 기치조지 매장을 가본 적이 있는데 진보초에 매장이 생겼다고 해서 들렀다. 진보초의 빌리지 뱅가드가 위치한 자리는 원래 미술 전문 서점인 게이조 북스가 있던 자리 건너편인데, 게이조 북스는 그 자리에 없었다. 의문을 뒤로 한 채 빌리지 뱅가드를 둘러봤다. 빌리지 뱅가드는 뉴욕의 재즈바의 이름인데, 왠지 '정체 모를' 구성이 재즈의 특성과 닮은 것 같다.

위_건물 입구에 빌리지 뱅가드로 안내하는
노란색 화살표
아래_지하로 향한 계단을 내려오면 한쪽
공간에 피규어 뽑기 기계가 잔뜩 있었다.

책을 중심으로 관련된 소품이나 생활잡화 등을 같이 구매할 수 있게 큐레이션되어 있다.

기본적으로는 서점이지만 셀렉한 분야의 책과 관련 있는 제품을 함께 구매할 수 있도록 큐레이션되어 있다. 분야는 요리, 핸드메이드, 애니메이션, 카페나 맛집, 관광 또는 지역, 음악 등 다양했는데 젊은 층들이 관심 가질 만한 주제들이다. 표지나 구성이 감각적인 책들이 많은데, 한국에서도 유명한 나카오카 겐메이가 'd&Department'에서 발행하는 지역 탐방 디자인 잡지 《d》의 모든 호를 갖춘 서점은 처음 보았다.

도쿄에만도 도쿄돔, 오다이바, 지유가오카, 시모기타자와, 산겐자야, 후타고타마가와, 고엔지, 이케부쿠로, 다치가와시, 무사시노시 등에 매장이 있는데 매장마다 구성이 다르고 물건도 자주 바뀐다니 마음에 드는 것이 있다면 바로 구입하는 것이 좋다.

· book store ·

어디서 구했을까 싶은 특이한 장난감들이 잔뜩 모여 있다.

어른을 위한 놀이터, 빌리지 뱅가드. 참, 빌리지 뱅가드는 텍스 프리 매장이니 여행객이라면 여권을 꼭 챙기길. 사용법을 잘 몰라도 점원이 친절히 알려준다.

· book store ·

一誠堂書店

Isseido Books
잇세이도 서점

- 주소 : 도쿄도 지요다구 간다 진보초 1-7 (진보초역 A7 출구에서 2분)
  東京都 千代田区 神田神保町 1丁目-7 (〒101-0051)
  Tokyo-to Chiyoda-ku Kanda-jimbocho 1Chome-7
- 영업시간 : 10:00~18:30, 공휴일 10:30~18:00 (일요일 휴무)
- 특징 : 100년을 이어 온 책방의 품격을 느낄 수 있는 고서점

🏠 www.isseido-books.co.jp

문 안쪽으로 보이는 정리된 책들의 모습이 인상적이다.

잇세이도 서점은 1903년에 창업한 100년이 넘은 고문서 전문 헌책방이다. 오랜 세월을 견뎌온 무게만큼 단단하고 멋스러운 대리석과 스테인드글라스로 치장된 외관이 아름답다. 이것이 고서점이다, 하고 보여주는 느낌이랄까. 잇세이도 서점은 시중에서는 보기 힘든 고문서와 나라별 고문헌이 잘 정리된 2층이 백미다. 선입견일지는 모르겠지만 서점이라기보다 유서 깊은 맞춤 양복점(?) 같은 느낌이 든다. 아니나 다를까, 직원 분이 말쑥한 양복 차림에 마치 포마드를 발라 빗어넘긴 듯한 헤어스타일을 하고 책을 정리하고 있었다. 매장에 들어서도 '이랏샤이마세(어서 오세요)' 등의 추임새 없이 자신의 일에 몰두하고 있었다.

매장 앞의 균일가 코너

일본어를 잘 몰라도 탐이 날 만한 고서들이 가득하다. 매장 쇼윈도 앞의 균일가 코너에는 연도별로 발행된 우표를 소개하는 책, 에도 시대 지도책 등 리스트북 덕후의 취향을 자극하는 책 등을 100~500엔 사이에서 판매한다.

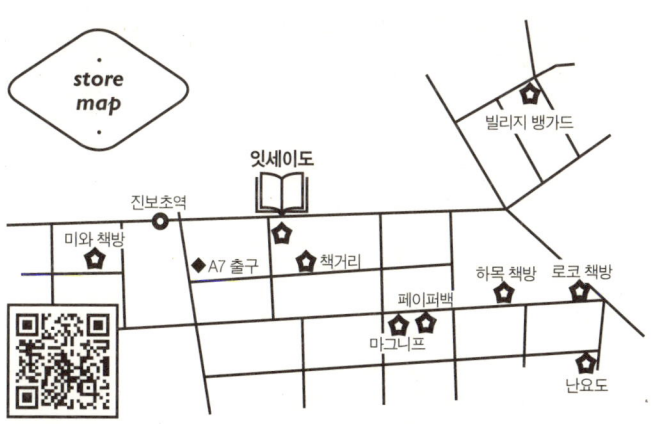

· book store ·

CHEKCCORI
チェッコリ

책거리

- 주소 : 도쿄도 지요다구 간다 진보초 1-7-3 산코도 빌딩 3층 (진보초역 A7 출구로 나와 2분)
  東京都 千代田区 神田神保町 1丁目-7-3 三光堂ビル 3階 (〒101-0051)
  Tokyo-to Chiyoda-ku Kanda-jimbocho 1Chome-7-3 Sankodo Building 3F
- 영업시간 : 12:00~20:00 (일·월요일 휴무)
- 특징 : 한국책, 한국책을 일본어로 번역한 책들을 취급

www.chekccori.tokyo
@chekccori
www.facebook.com/chekccori

장구를 의자로 활용해 한국 전문 서점임을 드러내고 있다. 오른쪽 사진은 '쿠온'에서 발행한 『난쟁이가 쏘아올린 작은 공』 일본어판이다.

한국에 대한 책, 한국 작가의 책을 일본어로 번역한 책 등을 판매한다. 운영자인 김승복 씨는 한국 사람이며 도쿄에서 오랫동안 공부하고 언론계에서 일을 하다 진보초에서 한국 전문 북카페를 창업하게 되었다고 한다. 한국 팬인 여행서점 노마드의 가와타 씨가 추천한 서점이기도 하다. 북카페 외에도 쿠온이라는 한국책 전문 출판사도 운영한다. 한강의 『채식주의자』를 1권으로 한, 한국의 문학 작품을 번역해서 리디자인한 시리즈는 일본의 디자인 관련 상을 수상하기도 했다.

책거리는 한국 소설, 시, 수필 등 문학 서적 외에도 아동서, 만화책, 건강 등의 실용서, 한국어 학습서나 일본 내에서 발행된 한국 관련 도서를 갖춘 서점이자 카페다. 카페 공간에서는 커피와 한국의 전통차와 막걸리 등을 판매한다. 'Chekccori Live'라는 이벤트로 한국, 일본의 작가와 예술가를 초빙해 토크쇼를 진행하기도 한다. 한국 도서 주문대행 서비스를 하고 있고, 이벤트·세미나 등을 위한 공간을 대여하기도 한다. 이메일로 신청 가능하다.

앉을 자리가 꽤나 많이 있어서 북카페로서 손색이 없다. 정갈한 실내에서 한국 전통 무늬와 그림 등을 찾는 재미도 있다. 한국인과 일본인 모두가 편하게 즐길 수 있는 공간이 아닐까 싶다.

한국의 소설을 일본어로 번역, 리디자인한 시리즈. 좌측 맨 위에 붉은 양파 그림이 있는 표지가 한강 소설 『채식주의자』다.

store map
빌리지 뱅가드
진보초역
미와 책방
잇세이도
A7 출구
하목 책방
로코 책방
페이퍼백
책거리
마그니프
난요도

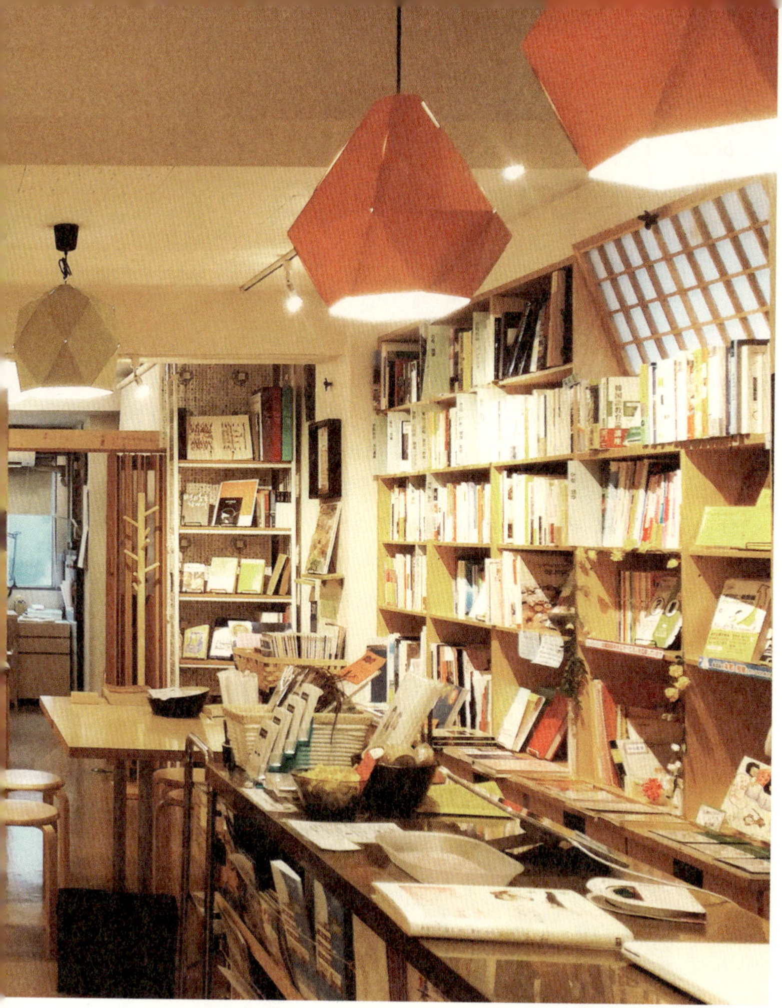

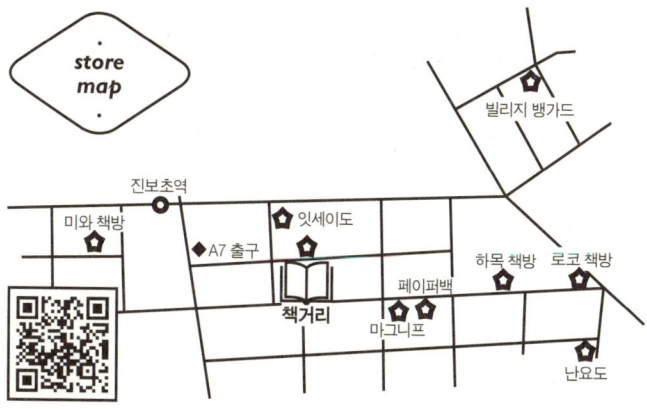

Library Shop & Café Hibiya

라이브러리 숍 앤 카페 히비야

◆ 주소 : 도쿄도 지요다구 히비야공원 1-4 히비야도서문화관 1층 (히비야 공원 내 위치, 우치사이와이초역 A7 출구에서 5분, 가스미가세키역 C4 출구에서 5분)
東京都 千代田区 日比谷公園 1丁目-4 日比谷図書文化館 1階 (〒100-0012)
Tokyo-to Chiyoda-ku Hibiyakoen 1Chome-4 Hibiya Library&Museum 1F
◆ 영업시간 : 10:00~19:00, 토·일·공휴일 10:00~17:00
◆ 특징 : 지요다구의 역사와 관련한 제품을 다루는 등 지역밀착형 운영. 에도시대 도서·자료 취급

🏠 www.hibiyal.jp
🐦 @HibiyaConcierge
ⓕ www.facebook.com/hibiyal

히비야공원에서 바라본 라이브러리 숍 앤 카페 히비야. 넓은 공원을 돌다가 편하게 들어가 차 한 잔 마시고 나와도 좋을 편안함을 갖춘 곳이다.

사계절 녹음이 아름다운 지요다구의 히비야공원 내 위치한 히비야도서문화관 안에는 매우 독특한 북카페가 있다. 100년이 넘은 공원 안은 울창한 나무가 가득하고 도서문화관 역시 오래된 외관만큼 찾는 이들의 연령대가 다양하다.

도서문화관에는 에도 문화, 지요다구의 역사에 관한 상설, 특별 전시관이 있다. 열람실도 있으며, 2천여 권의 책을 판매하고 15만여 권의 책을 대출 절차 없이 카페 내부와 지하 레스토랑에서 읽을 수 있다. 여행자에게는 대출이나 열람실 이용이 불편할 수 있는데 이런 사람들을 위한 공간이 바로 카페 히비야다.

반원형으로 된 개성 있는 공간으로 둥글게 처리된 벽에는 유리창이 많이 있어 책을 읽다 문득 눈을 들어 밖을 보면 공원 풍경에 감성이 풍요로워진다. 도서+문화가 결합된 지역 주민과 외지인 모두에게 사랑받는 문화공간이다.

· book cafe ·

커다란 창을 통해 쏟아져 들어오는 햇살과 사용자를 고려한 서가와 테이블 배열은 읽고 보는 맛을 더해주어 책이 입체적으로 느껴지도록 한다.

카페에서 판매하는 커피와 계절 한정 과일 주스, 케이크와 샌드위치를 포함한 다양한 메뉴를 주문해 먹기 좋은 자리와 노트북 이용자를 위한 테이블이 따로 마련되어 있다.

중앙의 독특한 원형 모양 서가에는 에도 문화와 지요다구에 관한 책들이 진열되어 있고, 역시 둥근 벽을 따라 배열된 책장에는 시기에 따라 테마별로 기획된 도서가 진열되어 있다.

특히 중앙 서가는 지요다구의 역사와 문화를 배울 수 있어 히비야도서문화관이 지역밀착형 공간으로 자리잡을 수 있게 해주었다. 지요다구립도서관 대출권을 제시하면 지하 식당에서 커피도 할인된다.

카페 안에는 지도, 문화예술 관련 도서, 실용서 등 새 책을 전시·판매하고 있으며, 책과 관련된 다양한 문구도 판매한다. 도서 커버, 연필, 북클립, 책갈피 등 기념품으로 삼을 만한 것들이 많고 가격도 비교적 저렴한 편이다.

☞ *mini interview*

이곳의 이름에 대해 설명해주세요.
📖 아무래도 히비야공원 안에 있는 곳이니 그대로 따른 것으로 압니다.

이 설문에 참가해주시는 분을 소개해주세요.
📖 히비야도서문화관 홍보 담당 나미키 유리입니다.

이곳만의 특별한 점은 무엇입니까?
📖 카페에 2·3층 도서 플로어의 책(일부 자료 제외)을 가지고 들어갈 수 있습니다.

이 다음에 방문하면 좋은 곳을 추천해주세요.
(서점이나 책과 관련한 곳이면 좋겠습니다.)
📖 아츠 지요다 3331.* 서점이나 책(에 관계된 것)은 아니지만, 흥미로운 장소라 추천합니다.

*3331 Arts Chiyoda. 아츠 지요다 3331은 중학교를 개조해서 만든 아트센터(www.3331.jp)

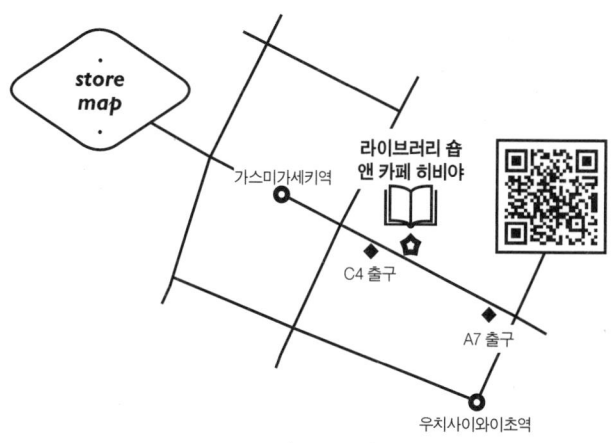

· book cafe ·

great book store

MARUZEN&ジュンク堂書店

Maruzen&Junkudo Bookstores Co.,Ltd
마루젠&준쿠도 서점

◆ 주소 : 도쿄도 시부야구 도우겐자카 2-24-1 도큐백화점 본점 7층 (시부야역 8번 출구에서 10분)
東京都 渋谷区 道玄坂 2丁目-24-1 東急百貨店 本店7階 (〒150-8019)
Tokyo-to Shibuya-ku Dogenzaka 2chome-24-1 Tokyu department store head office 7th floor

◆ 영업시간 : 10:00~21:00 (연중무휴)

🏠 www.junkudo.co.jp
🐦 @maruzeninfo
📘 www.facebook.com/maruzenjunku

1869년, 1963년에 각각 창업한 마루젠 서점과 준쿠도 서점이 합병해서 마루젠&준쿠도 서점으로 운영되고 있다. 합병 이후 시부야 점에 처음으로 마루젠&준쿠도 이름으로 서점을 열었다. 이곳에는 하기와라 카페가 운영 중이며, 각종 이벤트도 활발하게 열린다. 일본서적, 수입서적, 만화, 문구 등을 취급하는 종합서점이다.

マルノウチリーディングスタイル

Marunouchi Reading Style
마루노우치 리딩 스타일

- 주소 : 도쿄도 지요다구 마루노우치 2-7-2 JP 타워 4층
  東京都 千代田区 丸の内 2丁目-7-2 JPタワ 4階 (〒100-7004)
  Tokyo-to Chiyoda-ku Marunouchi 2chome-7-2 JP Tower 4F
- 영업시간 : 11:00~21:00 (일요일은 20시 마감)

- www.readingstyle.co.jp
- @readingstyle
- www.facebook.com/marunouchiRS

비교적 최근인 2013년에 시작한 서점이다. 이름답게 책을 읽는 것 자체를 스타일링할 수 있도록 돕는다는 의미를 가지고 다양한 시도를 한다. 책과 함께 관련한 생활잡화를 판매하고 카페에서는 도서 이벤트, 토크쇼, 전시회 등을 다양하게 연다. 현재 생활 중에 책이 개입했을 때 바뀔 수 있는 변화에 대해 고민한다고 한다. 빛이 쏟아져오는 카페에 앉아서 책을 보고 그 근처에는 좋아하는 생활용품이 있고, 책을 통해 감동하고 즐거움을 느끼는 생활을 추구할 수 있도록 돕는 서점이 목표다.

(株式会社) 紀伊國屋書店

Kinokuniya Company, Limited
기노쿠니야 서점

- 주소 : 도쿄도 신주쿠구 신주쿠 3-17-7(신주쿠삼초메역 B7, B8 출구에서 지하통로로 1분, 신주쿠역 동쪽 출구에서 3분)
  東京都 新宿区 新宿 3丁目-17-7 (〒163-8636)
  Tokyo-to Shinjuku-ku Shinjuku 3Chome-17-7
- 영업시간 : 10:00~21:00 (연중무휴)

🏠 www.kinokuniya.co.jp
🐦 @Kinokuniya
f www.facebook.com/BooksKinokuniyaTokyo
📷 www.instagram.com/relifestory

1927년에 설립된 출판유통 및 출판사다. 위의 주소는 신주쿠 본점이며, 본사는 시부야구 히가시 3초메에 있다. 신주쿠 본점은 지하 1층, 지상 8층 건물 전체를 사용하고 그 옆에 임시 건물은 DVD, CD 등과 게임 관련 도서를 취급한다. 기노쿠니야 서점은 일본 전역에 체인망을 형성하고 있으며, 미국, 오스트레일리아, 대만, 두바이, 동남아시아 등에도 진출했다. 출판뿐만 아니라 연극 쪽에도 투자와 운영을 하고 있어서 기노쿠니야 연극상을 주최한다. 또한 기노쿠니야 홀과 기노쿠니야 서던시어터 등 2개의 극장도 운영한다.

書泉ブックタワー

Shosen Book Tower
쇼센 북타워

- 주소 : 도쿄도 지요다구 간다사쿠마초 1-11-1(아키하바라역 5번 출구에서 1분)
  東京都 千代田区 神田佐久間町 1丁目-11-1 (〒101-0025)
  Tokyo-to Chiyoda-ku Kandasakumacho 1Chome-11-1
- 영업시간 : 10:00~21:00 (연중무휴)

🏠 www.shosen.co.jp/tower
🐦 @shosen_bt

아키하라바를 찾는 사람들이 좋아할 만한 것들로 가득 채워진 서점이다. 진보초에 분점이 있는데 2개 층만 사용한다. 북타워 본점은 1층부터 8층까지 서점이며, 9층은 이벤트홀로 사용한다. 북타워 1~3층까지는 신간 도서, 실용서, 비즈니스 관련 도서 등이 있으며, 4층부터는 취미와 관련한 책들이 있다. 격투기, 엔터테인먼트, 밀리터리 관련 도서만 모아놓은 층이 있는가 하면 만화에만 2개 층을 할애해 다양한 만화 출간물을 한번에 볼 수 있다. 8층에는 라이트노벨부터 건담 관련 서적, 게임 공략집 등이 있다.

Aoyama Book Center

아오야마 북센터

- ◆ 주소 : 도쿄도 시부야구 진구마에 5-53-67 코스모스 아오야마 가든 B2F
  (오모테산도역 B2 출구에서 걸어서 7분)
  東京都 渋谷区 神宮前 5丁目-53-67 コスモス青山ガーデンフロア 地下2階
  (〒150-0001)
  Tokyo-to Shibuya-ku Jingumae 5Chome-53-67 Cosmos Aoyama Garden Floor B2F
- ◆ 영업시간 : 10:00~22:00 (무휴, 연말연시 제외)

🏠 www.aoyamabc.jp
🐦 @Aoyama_book
ⓕ www.facebook.com/aoyamabookcenter

아오야마 여자 대학교가 있는 문화에 민감한 지역인 아오야마에 본점을 두고 있는 서점 체인이다. 롯폰기점과 나리타 공항점이 있고, 그룹에서 다른 이름으로 운영하는 서점이 두 군데 더 있다.
다양한 책을 취급하는 대형서점이지만 차이점이라면 이곳은 예술, 인테리어, 사진, 건축 관련 도서를 집중적으로 다룬다는 점이다. 더불어 작가와 함께하는 토크 콘서트를 지속적으로 연다. 아오야마 북 스쿨을 정기적으로 운영하고 있어서 책에 관한 컨설팅도 함께한다.

· great book store ·

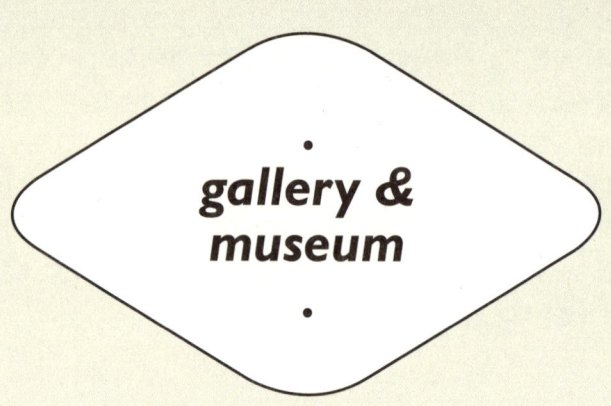

국립서양미술관
The National Museum of Western Art

◆ 주소 : 도쿄도 타이토구 우에노 공원 7-7 (우에노역 야마시타 출구에서 15분 거리)
  東京都 台東区 上野公園 7-7 (〒110-0007)
  Tokyo-to Taito-ku Uenokoen 7-7

◆ 영업시간 : 09:30~17:30, 금~토(상설기획전) 09:30~20:00 (월요일 휴관, 월요일이 공휴일이면 다음날 휴관)

🏠 www.nmwa.go.jp

우에노 공원에 있는 일본 '국립서양미술관'. 우에노 공원은 일본에서 서민들이 많이 찾는 휴식공간으로 이 미술관과 함께 도쿄도미술관, 국립박물관, 예술대학 등이 모여 있는 문

화공간이기도 하다. 지하철 우에노역에서 15분 정도 이상 걸어서 공원 내부까지 들어가야 해서 다리품이 좀 든다. 이 미술관의 본관 건물은 스위스 태생의 프랑스 건축가인 르 코르뷔지에의 작품으로 이곳 외에 16곳에 있는 그의 건축물과 함께 묶어서 유네스코 세계문화유산으로 등재되었다.

국립신미술관
The National Art Center

- 주소 : 도쿄도 미나토구 롯폰기 7-22-2 (노기자카역 6번 출구에서 5분 거리)
  東京都 港区 六本木 7丁目-22-2 (〒106-8558)
  Tokyo-to Minato-ku Roppongi 7Chome-22-2
- 영업시간 : 10:00~18:00, 금요일 10:00~20:00 (화요일 휴관, 휴관일이 공휴일이면 다음날 휴관)

www.nact.jp

국립신미술관은 2007년에 설립되었다. 건물 안으로 들어가보면 초현실적인 조형미가 웅장하면서도 아름답게 느껴지는 미술관이다. 각 층별로 따로 있는 전시실을 선택해서 그 앞에서 돈을 내고 들어가는 형식이다. 각 전시실마다 입장료가 1000엔가량 된다.

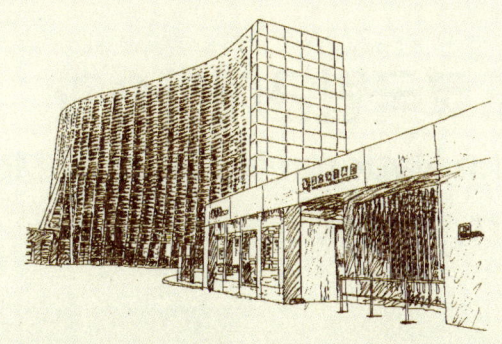

· gallery & museum ·

네즈 미술관
Nezu Museum

- 주소 : 도쿄도 미나토구 미나미아오야마 6-5-1 (오모테산도역 A5 출구에서 8분)
  東京都 港区 南青山 6丁目-5-1 (〒107-0062)
  Tokyo-to Minato-ku Minamiaoyama 6Chome-5-1
- 영업시간 : 10:00~17:00 (월요일, 연말연시 휴관. 월요일이 공휴일이면 다음날 휴관)

www.nezu-muse.or.jp

네즈 미술관은 규모가 크진 않지만 일본과 중국의 유물들이 소장되어 있고, 다양한 기획전도 열리고 있다. 철도왕으로 불렸던 네즈 가이치로1860~1940년의 콜렉션을 바탕으로 그의 아들이 미술관을 세웠다. 네즈 가이치로가 정원으로 꾸며놨던 부지를 바탕으로 해서 일본식 조경을 즐길 수 있었다.

도쿄국립근대미술관
The National Museum of Modern Art, MOMAT

- 주소 : 도쿄도 지요다구 구기타노공원 3-1(다케바시역 1a 출구에서 5분 거리)
  東京都 千代田 区北の丸公園 3-1 (〒102-8322)
  Tokyo-to Chiyoda-ku Kitanomarukoen 3-1
- 영업시간 : 일~목요일 10:00~17:00, 금~토요일 10:00~20:00(월요일, 전시 교체 기간, 연말연시 휴관. 월요일이 공휴일일 경우 개관)

🏠 www.momat.go.jp

미술관 건물은 그리 큰 특징은 없지만 일본 근대 미술의 흐름을 한 번에 조망할 수 있는 기회를 가져볼 수 있다. 주로 일본의 근대미술 기획전과 소장품 전시를 하는 곳이다.

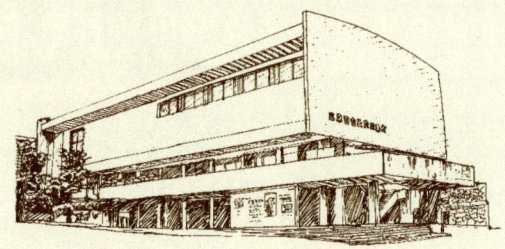

도쿄도미술관
Tokyo Metreopolitan Art Museum

- 주소 : 도쿄도 미나토구 시로카네다이 5-21-9 (메구로역 동쪽 출구에서 15분 거리)
  東京都 港区 白金台 5丁目-21-9 (〒108-0071)
  Tokyo-to Minato-ku Shirokanedai 5Chome-21-9
- 영업시간 : 10:00~18:00 (매월 둘째, 넷째 수요일 휴관이나 공휴일이면 다음날 휴관, 연말연시 휴관, 리모델링으로 2017.4.10~11.중순까지 휴관)

🏠 www.teien-art-museum.ne.jp

· gallery & museum ·

1926년 '도쿄부미술관'으로 시작한 이후 1975년에 현재의 건물이 지어졌다. 처음에는 소장품 전시보다는 대관이나 공모전 위주로 운영되다가 1995년 도쿄도현대미술관이 개관되면서 그나마 있던 일부 현대 미술품은 그쪽으로 이관되었다. 과거 전시 목록을 보면 동서양의 주제를 골고루 다루고 있고 일본 근대 미술품도 소장하고 있다.

모리 미술관
Mori Museum

- 주소 : 도쿄도 미나토구 롯폰기 6-10-1 롯폰기힐즈 모리타워 53층 (롯폰기역 1a 출구에서 5분 거리)
  東京都 港区 六本木 6丁目-10-1 六本木ヒルズ森タワ 53階 (〒106-0032)
  Tokyo-to Minato-ku Roppongi 6Chome-10-1 Roppongi Hills Mori Tower 53F
- 영업시간 : 10:00~22:00, 화요일 10:00~17:00

www.mori.art.museum/jp

모리빌딩 전망대 바로 옆에 모리 미술관이 있다. 이 미술관의 최대 장점은 전망대와 함께 22시까지 운영한다는 것이다. 현대미술·디자인·패션·그래픽아트 쪽 전시를 많이 하는 편이다.

와타리움 미술관
Watari-Um Museum

◆ 주소 : 도쿄도 시부야구 진구마에 3-7-6 (가이엔마에역 3번 출구에서 8분)
東京都 渋谷区 神宮前 3丁目-7-6 (〒150-0001)
Tokyo-to Shibuya-ku Jingumae 3Chome-7-6

◆ 영업시간 : 11:00~19:00, 수요일 11:00~21:00 (월요일·연말연시 휴관, 공휴일 영업)

🏠 www.watarium.co.jp

오모테산도역이나 가이엔마역에서 가까운 곳에 '와타리움 미술관'이 있다. 미술관 이름은 설립자인 와타리 에츠코 씨의 성에 'museum'을 뜻하는 'um'을 붙인 것이다. 이 미술관은 특별히 광고를 하지 않으며 사람들이 스스로 알고 찾아오는 것에 의존하고 있다고 한다. 설립 당시부터 과거 미술 작품

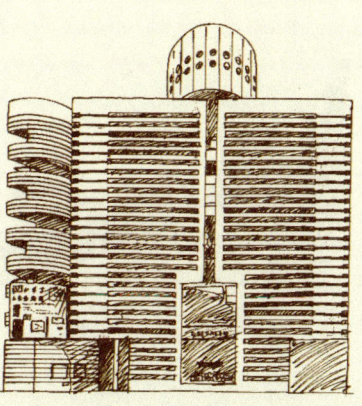

· gallery & museum ·

을 소장 전시하기보다 현대 작가들의 미술을 전시하는 이유는 항상 현재적 이슈에 대한 고민을 담은 작품을 전시하기 위해서라고 한다.

21_21 디자인 사이트
21_21 DESIGN SIGHT

- 주소 : 도쿄도 미나토구 아카사카 9-7-6 도쿄 미드타운 가든 내 (노기자카역 3번 출구에서 15분 거리)
  東京都 港区 赤坂 9丁目-7-6 東京ミッドタウン・ガーデン 内 (〒107-6290)
  Tokyo-to Minato-ku Akasaka 9Chome-7-6 Tokyo Midtown·Garden
- 영업시간 : 10:00~19:00 (화요일, 연말연시 휴관)

🏠 www.2121designsight.jp

건물은 안도 다다오가 설계했고, 그의 작품답게 화려하거나 웅장하기보다는 기하학적인 단순한 형태가 심플한 모습이다. 이 건물 역시 다다오에서 많이 볼 수 있는 노출 콘크리트, 사선, 삼각형의 형상이 눈에 띈다. 21_21 디자인 사이트는 건축, 디자인 등의 전시, 강연, 퍼포먼스들이 1년에 몇 번 정도 순환하면서 개최되는 공간이다.

도쿄인쇄박물관
印刷博物館, Printing Museum, Tokyo

- 주소 : 도쿄도 분쿄구 스이도 1-3-3 돗판 고이시가와 빌딩 (에도가와바시역 4번 출구에서 8분)
  東京都 文京区 水道 1丁目-3-3 トッパン小石川ビル (〒112-8531)
  Tokyo-to Bunkyo-ku Suido 1chome-3-3 Toppan Koishikawa Building
- 영업시간 : 10:00~18:00 (월요일 휴무, 월요일이 공휴일인 경우 다음날 휴무)

🏠 www.printing-museum.org

2000년에 들어선 인쇄박물관은 돗판인쇄凸版 印刷 주식회사에서 창립 100주년을 기념해 만든 것이다. 입구와 로비에는 상형문자를 새겨넣은 금속 구가 장식되어 있다. 벽면에는 다양한 활자와 인쇄물이 걸려 있다. 인쇄 문화에 대해서 연구하고 수집한 것들을 볼 수 있으며, 체험 학습도 종종 진행한다. 인쇄에 관련한 전문 도서를 모아놓은 도서실을 보유하고 있다.

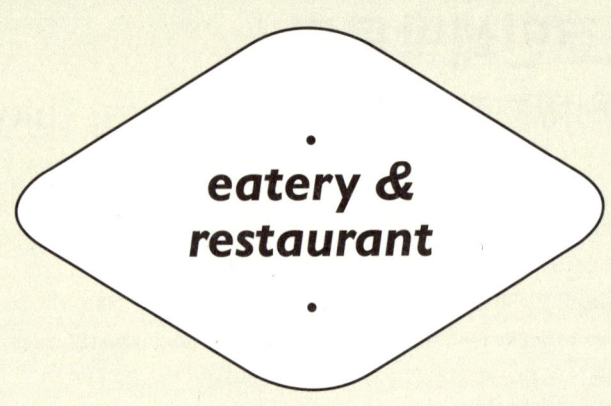

eatery & restaurant

牛かつもと村

규가츠 모토무라

- 주소 : 도쿄도 신주쿠구 신주쿠 3-32-2 토다 빌딩 지하1층 (신주쿠역 남동쪽 출구에서 3분)
  東京都 新宿区 新宿 3丁目-32-2 指田ビル 地下1階 (〒160-0022)
  Tokyo-do Shinjuku-ku Shinjuku 3Chome-32-2 Toda Building B1F
- 영업시간 : 11:00~23:00 (일요일 휴무), 카드 결제 불가능, 예약 불가능

오사카 맛집으로 유명한 규가츠 모토무라가 도쿄에 진출했다. 우리는 신주쿠에 위치한 모토무라 2호점을 즐겨 찾는다. 신주쿠역에서 가까운 게 제일 큰 이점이다. 대신 줄 서는 걸 좋아하는 일본인들답게 괜찮은 식당은 줄이 늘 길다. 점심시간에 가면 대부분 30분 이상 기다려야 한다. 지하1층에 위치한 식당인데 줄은 1층 건물 옆까지 서 있다. 인내심을 가지고 기다리면 일행의 수와 관련 없이 줄 선 순서대로 입장시켜준다. 줄 서는 동안 건물 벽에 붙은 일본어, 영어, 한국어로 된 메뉴와 먹는 방법을 읽어본다면 지루함을 조금은 달

래줄 것이다.

자리에 앉으면 우선 개인 화로를 앞에 놓아준다. 주문 메뉴 중에 도로로 포함과 미포함 세트로 나뉘는데 마를 따로 내주는 걸 선택하는 것이다. 마를 밥에 섞어서 먹는다고 하는데 미끄덩한 식감이 싫다면 마가 없는 걸 주문해야 한다. 규가츠는 쇠고기를 겉면만 살짝 튀겨내 썰어놓은 단면을 보면 거의 생고기에 가깝다. 그래서 화로에 올려 원하는 정도로 구워먹는 방식이다. 물론 나온 그대로 규가츠를 먹어도 된다. 고기의 양을 그램별로 고를 수 있고, 추가도 가능하다. 가격대도 1300엔(한화 1만 3천 원)가량부터 시작하는데 쇠고기의 질을 생각하면 저렴한 편이라고 할 수 있다.

グリルエフ

Grill F
그릴 에프

◆ 주소 : 도쿄도 시나가와구 히가시고탄다 1-13-9 (고탄다역 동쪽 출구에서 1분)
  東京都 品川区 東五反田 1丁目-13-9 (〒141-0022)
  Tokyo-do Shinagawa-ku Higashigotanda 1Chome-13-9

◆ 영업시간 : 점심시간 11:00~14:30, 저녁식사 17:00~21:00 (일요일, 공휴일 휴무)

🏠 grillf.rgr.jp

· eatery & restaurant ·

복고풍 프랑스식 식당을 표방하고 있지만 일본식 양식 레스토랑에 가깝다. 처음 이 가게를 열었던 1950년대에는 프랑스 식당이었다. 대를 이어서 만들고 있는 것이자 이곳에서 꼭 먹어봐야 할 것은 데미그라스 소스다. 시중에서 판매하는 소스를 이용하지 않고 직접 모든 것을 만드는 소스는 호불호가 있어도 한 번쯤은 꼭 먹어볼 만한 것이다. 너무 검고 씁쓸하다는 평도 있는데 고기의 감칠맛을 살려주는 맛이라는 생각이 들었다. 기존에 먹던 맛에 대해 생각하지 않고 먹어본다면 어떤 느낌인지 알 수 있을 것이다.

일본 대부분의 식당이 그렇듯 튀김은 늘 훌륭하다. 커틀릿은 바삭하면서 자극적이지 않고 금세 눅눅해지지 않는 고소함이 살아 있다. 단품 메뉴 주문이 가능하고 코스 요리도 맛볼 수 있다. 특이하게 샌드위치 종류도 판매하는데 아마도 프랑스식 레스토랑의 특징을 살리고 싶은 게 아닐까 싶었다.

ダカーポ(たい焼きのダ)

다카포(붕어빵)

◆ 주소 : 도쿄도 시나가와구 히가시고탄다 1-3-10 아카가와 빌딩 1층 (고탄다역 동쪽 출구에서 5분)
東京都 品川区 東五反田 1丁目-3-10 明河ビル 1階
Tokyo-do Shinagawa-ku Higashigotanda 1chome-3-10 Akagawa Building 1F

◆ 영업시간 : 12:00~19:00 (부정기 휴무)

cdlp-daca-po.blogspot.kr

정말 특이한 장소 중 하나다. 중고 CD와 LP, 수입잡화를 파는 가게 한쪽에서는 도미빵(붕어빵)을 팔고 있다. 심지어 엄청난 비밀을 가지고 있다. 우리가 일반적으로 먹는 붕어빵처럼 빵 안에 팥이 들어 있는 기본부터 계절한정 붕어빵은 그때그때의 특별한 재료가 들어간다. 겨울에는 밤알이 통으로 들어간 것을 판다. 화이트데이, 벚꽃 한정 붕어빵 등 다양한 메뉴를 딱 그 시기에만 먹을 수 있어서 일본에 간다면 꼭 들러봐야 할 곳이 되었다.

이 붕어빵의 엄청난 비밀은 꼬리에 있다. 꼬리에 무언가 들어 있다(!). 절대 발설하지 않는 게 불문율처럼 되어 있다. 그리고 다카포의 붕어빵을 먹을 때는 머리부터 먹어야 한다. 꼬리에 무엇이 들어 있는지 마지막에 확인해보라는 뜻이다. 가격은 기본 180엔, 계절한정이나 특별 붕어빵은 220~280엔이다. 홈페이지에 특별 붕어빵이 무엇인지 공지가 바로바로 올라온다.

Luncheon

ランチョン
런천

◆ 주소 : 도쿄도 지요다구 간다 진보초 1-6 (진보초역 A5 출구에서 1분 거리)
東京都 千代田区 神田神保町 1-6
Tokyo-do Chiyoda-ku Kanda-jimbocho 1-6

◆ 영업시간 : 평일 11:30~21:30, 토요일 11:30~20:30 (일요일, 국경일 휴무)
카드 사용 가능

· eatery & restaurant ·

🏠 www.luncheon.jp

1909년 11월에 개업했다고 하는 서양 음식점이다. 처음에는 지요다구 스루가다이 쪽에 식당을 열었다고 한다. 이때는 간판도 따로 없었고, 근처에 대학들이 몇 있어서 학생들은 이곳을 '洋食屋양식옥'이라고 불렀다. 그러다가 음악학교현재는 예술대학 학생들이 이름이 없어 불편하니 '런천Luncheon'이라고 부르겠다고 하면서 100년 이상 불리고 있다.

처음 개업했을 때 자료는 남아 있지 않고 1930년대부터 지금의 자리에서 찍은 사진들이 2층으로 올라가는 계단에 전시되어 있다. 식당 입구는 1층에 있지만 메뉴 전시와 화물용 엘리베이터만 있고 2층 전체를 식당으로 사용하고 있다. 창가는 시원하게 통유리로 되어 있어서 책방 거리를 지나는 사람들이 내려다보인다. 세월을 가늠하기 어려운 앤티크 조명은 늘 닦는 게 아닐까 싶게 반짝거린다. 테이블에는 여든이 넘어 보이는 노신사·숙녀들, 직장인, 우리 같은 여행자들로 금세 자리가 채워진다. 홀이 꽤 넓어서 줄을 서서 먹는 일은 없을 듯하다. 대신 앉아서 기다리는 여유가 필요하다.

런천의 원 뜻은 런치lunch보다는 갖춰먹은 점심 식사 또는 오찬으로 이해하면 된다. 이곳에서는 이름답게 가벼운 스프류부터 코스 요리까지 즐길 수 있다. 점심 즈음해서 진보초 헌책방거리를 찾아가 이곳에서 식사를 하고 느긋하게 책방 구경을 나서면 딱 좋은 곳이라 도쿄에 갈 때마다 들르는 곳이다. 우리의 양식당처럼 '오늘의 점심' 메뉴가 있는데 날마다 구성이 달라진다. 기본 차림은 샐러드, 고기 요리, 생선 요리, 채소 절임, 밥이 나온다. 여기에서 고기의 종류나 조리 방식 등을 다르게 해서 조합한 세트 메뉴를 먹을 수 있는 것이다. 커틀릿, 스튜, 스테이크 형태 등으로 연어, 대구, 소고기, 돼지고기, 닭고기 등이 나오기 때문에 피해야 할 게 있다면 미리 물어보는 게 좋다.

주로 점심식사를 하러 런천을 갔었는데 환한 대낮

에도 맥주를 마시는 테이블을 종종 볼 수 있다. 이곳은 뢰벤브로이 생맥주를 직접 만든다. 뢰벤브로이는 뮌헨식 맥주양조장에서 만들어진 맥주이며, 맥주순수령홉, 정제수, 맥아만을 사용해 만드는 것에 입각해 제조된다. 그래서인지 메뉴판에도 생맥주에 대해 소개해놓은 칸이 위쪽에 있다. 홈페이지에도 'ビアホール ランチョン비어홀 런천'이라고 소개해놓았다. 아사히 생맥주, 위스키, 하이볼, 와인 등 다양한 주류를 취급하는데 그에 맞는 안주 종류도 판매한다.

寿司の美登利

Sushino Midori
미도리 스시

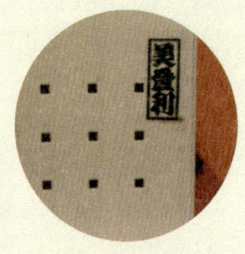

◆ 주소 : 도쿄도 시부야구 도겐자카 1-12-3 마크시티 이스트 4F (시부야역과 연결되어 있음)
  東京都 渋谷区 道玄坂 1丁目-12-3 マークシティイースト 4F
  Tokyo-do Shibuya-ku Dogenzaka 1Chome-12-3 Markcity East 4F
◆ 영업시간 : 11:00~22:00 (1월 1일 정기휴일), 카드 사용 가능, 예약 불가

🏠 www.sushinomidori.co.jp

시부야역은 주요 지하철 환승이 가능하고 내·외국인을 가리지 않고 찾는 쇼핑 중심지다. 항상 많은 사람들이 붐비는 이곳은 도큐 백화점을 비롯한 쇼핑몰이 직접 연결되어 출구가 매우 혼잡하다. 그중 하나인 마크시티 쇼핑몰 4층에는 다국적 손님들로 붐비는 스시집이 있다. 미도리 스시는 여러 지점이 있지만 시부야역은 접근이 유리한 탓에 외국인들도 많이 만날 수 있다. 유럽, 동남아, 중국, 중동국가 등 다양한 언어가 들린다.

역과 백화점, 쇼핑몰이 얽혀 있고, 여러 출구로 나뉜 곳이라 사람이 늘 많은 곳이지만 유독 사람이 많이 모여 있는 곳이다. 도착하면 제일 먼저 할 일은 은행처럼 대기표를 뽑는 것이다. 점심이나 저녁 시간이라면 평일이라도 10팀 이상은 대기 중인 경우가 흔하다. 쇼핑몰에서 놓아둔 벤치는 자연스레 미도리 스시에서 식사를 하려는 사람들의 쉼터가 된다.

먹는 방법은 한국에서 먹는 것과 다르지 않다. 스시 세트를 시키면 부드러운 죽과 일본식 달걀찜이 제공되고 스시가 나무 접시에 담겨 나온다. 이곳이 유명해진 건 가격대비 푸짐한 양과 맛 덕분이다. 우리 돈으로 2~3만 원 정도의 세트를 시키면 장어부터 참치, 대하, 소고기 등을 사용한 큼직한 초밥이 성대하게 나온다. 사진에 있는 세트가 그것인데 어지간한 대식가가 아니라면 다 먹기 어려울 정도였다. 재료를 아낌없이 쓰고 회전율이 좋아서 실망하지 않을 만한 곳이다.

전화 예약을 받지 않고 반드시 대기표를 뽑아서 점원이 나와서 번호판을 들어올리면 보여주고 들어가야 한다. 손님 대부분이 포기하지 않아서(!) 우리도 매번 1시간 이상 대기해야 했다. 시간 여유가 있거나 시부야역 근처에서 쇼핑을 할 때 이용해 보는 걸 권한다.

IVY PLACE

아이비 플레이스

- 주소 : 도쿄도 시부야구 사루가쿠초 16-15 다이칸야마 티사이트 (다이칸야마역에서 5분 거리)
  東京都 渋谷区 猿楽町 16-15 代官山 T-site (〒150-0033)
  Tokyo-do Shibuya-ku Sarugaku-cho 16-15 Daikanyama T-site
- 영업시간 : 07:00~22:00 (카페, 바, 다이닝 등 공간에 따라 사용 시간 다름, 연중무휴), 카드 사용 가능, 홈페이지에서 예약 가능

www.tysons.jp/ivyplace

도쿄 내에서도 대사관들과 부유한 주택가, 고급 숍이 많은 다이칸야마에 위치해 있다. 티사이트(T-site)라고 부르는 이 지역은 츠타야 서점 다이칸야마를 비롯해 북카페 안진(Anjin), 동물병원 그린 독(GREEN DOG), 다이칸야마 키타사진기점 등이 모여 있는 복합시설 겸 공원이다.

티사이트는 각 건물과 조형물 들이 모두 유명 건축가와 공간 디자이너 등의 손을 거쳐 만들어진 곳이다. 조형적 아름다움과 편리성, 최신 유행 동향을 한 눈에 볼 수 있는 매력적인 장소다. 츠타야 서점 다이칸야마를 구경하고 나서 그 뒤편 오솔길을 걸어가면 T 모양을 연상시키는 건물이 나온다. 이곳이 바로 아이비 플레이스다.

입구는 한 곳이지만 들어가면 방문한 목적에 따라 안내를 해주는 곳에 앉아야 한다. 음료를 마시는 곳, 식사와 술을 즐기는 곳, 프라이빗존 등으로 나뉘어 있어서 각각에 맞는 장소로 안내한다. 서로 연결되어 있지만 중앙의 바를 중심으로 용도를 나눈 것이다. 차만 마시러온 것이라면 음식 냄새가 배는 게 싫을 수 있을 것이고, 조용히 코스 요리를 즐기고 싶다면 격리된 룸이 필요할 수 있다. 고객들의 편의성을 중시해서 꾸며놓아서인지 외국인이 방문하면 자연스럽게 영어가 가능한 서버가 와서 주문을 받는다.

메뉴는 디너 코스부터 단품 요리, 각종 치즈 등 다양한 편이다. 단품 요리에는 파스타, 리조또 등이 있는데 가격은 우리 돈으로 2만 원 내외다. 실내를 고재(오래된 나무, 거목을 통나무로 가공한 것이었다)와 샹들리에, 디자인 조명 등으로 꾸며놓아 무척 고급스러워서 들어갔을 때 부담스러운 가격대가 아닐까 걱정을 많이 해서인지 가격 대비 맛있다는 생각이 들었다. 가격 대비 만족스러운 분위기와 서빙, 맛을 즐기고 싶다면 꼭 한 번 들러보길 추천한다.

· eatery & restaurant ·

CLASKA Restaurant 'Kiokuh'

클라스카 호텔 레스토랑 '기오쿠'

◆ 주소 : 도쿄도 메구로구 주오초 1-3-18 (가쿠게이다이가쿠역에서 걸어서 12분 거리)
東京都 目黒区 中央町 1丁目-3-18 (〒152-0001)
Tokyo-do Meguro-ku Chuocho 1Chome-3-18

◆ 영업시간 : 조식 7:30~11:30, 점심 11:30~15:00, 티타임 15:00~17:30, 저녁 18:00~23:30 (연중무휴, 주문 마감은 영업시간 30분 전), 카드 결제 가능, 예약 가능

🏠 www.claska.com

메구로구에 오래된 호텔을 리노베이션해서 복합문화공간으로 사랑받고 있는 클라스카. 1층에 위치한 레스토랑에서는 합리적 가격으로 미슐랭 가이드 등재 식당 쉐프의 요리를 즐길 수 있다.

클라스카 1층은 레스토랑, 2층은 갤러리 겸 라이프 스타일 숍 'DO도체', 3층은 렌탈 스튜디오, 4~7층은 호텔, 8층은 갤러리 공간으로 활용하고 있다. 호텔에 투숙하지 않아도 조식 레스토랑을 이용할 수 있다. 우리 돈 2만 원이 되지 않는 가격이라 큰 부담은 되지 않는다. 뷔페식 조식이 아니라 서양식, 일본식 중에서 선택하도록 되어 있다. 서양식은 스프, 베이컨과 샐러드, 프랑스식 빵을 곁들인 오믈렛이 나온다. 일본식은 된장국과 함께 제공되는 밥과 생선구이 한 상으로 나온다. 디저트와 빵은 프랑스와 스페인 요리를 배우고 프랑스에서 미슐랭 가이드 별 하나를 받은 식당에서 일해온 쉐프가 직접 맡아 내준다. 크로아상은 프랑스를 다녀온 사람들도 고개를 끄덕일 만큼 훌륭한 맛이다. 빵이 뭐 다같은 빵이지, 라는 생각을 깨줄 만큼 말이다.

식사를 한 뒤에 2층으로 올라가서 'DO'에서 일본 장인과 개인 갤러리에서 내놓은 수작업 공예품을 감상하거나 구입할 수 있다. 8층 갤러리 역시 전시 기간 중에는 편하게 이용할 수 있고(홈페이지 확인 요망), 계단을 통해 9층으로 올라가면 탁 트인 전망을 자랑하는 루프탑 테라스에서 휴식을 즐길 수 있다.

ホットスプーン

Hot Spoon
핫 스푼

◆ 주소 : 도쿄도 시나가와구 히가시고탄다 1-14-8 KC 빌딩 1층 (고탄다역 동쪽 출구로 나와서 1분)
東京都 品川区 東五反田 1丁目-14-8 KCビル 1階
Tokyo-do Shinagawa-ku Higashigotanda 1Chome-14-8 KC Building 1F

◆ 영업시간 : 11:00~23:00 (무휴), 카드 결제 불가

🏠 hot-spoon.com

핫스푼은 도쿄에서 유명한 카레 전문점이다. 역 근처에 있어서 여행자에게 고마운 맛집이다. 찾아가기 편하고 가격도 저렴한 편이다. 700~900엔 대의 가격이고, 주문할 때 밥을 많이 달라고 하는 건 추가요금을 받지 않는다.

메뉴는 쇠고기 힘줄을 이용한 다양한 카레, 야채 카레, 치킨 카레 등이 유명하다. 한국에 들어온 일본 카레 전문점과 비슷하게 맵기 조절이 가능하다. 취향껏 맵기를 주문해보길 바란다.

핫스푼이 기존 일본 카레 전문점과 다른 점은 인도식 카레에 좀 더 가깝다는 점이다. 향신료도 더 많이 들어가는 편이고, 진한 맛을 느낄 수 있다.

명성에 비해 좌석 수는 적다. 안에 빽빽하게 앉아도 14~5명 정도다. 마루노우치와 니시신주쿠에도 분점이 있고, 여기는 좌석이 좀 더 많으니 좀 더 편하게 즐기고 싶다면 방문해보길 바란다.

· eatery & restaurant ·

동경 책방기

초판 1쇄 발행 2017년 5월 15일
초판 2쇄 발행 2017년 8월 21일

글·사진 최혜진, 김설경, 권아람
펴낸이 이신재
편집 김설경
디자인 권아람, 최혜진
일러스트레이션 최종원
제작 제이케이프린팅

펴낸곳 (주)글자와 기록사이
등록번호 2015.12.14. 제2015-000054호
주소 서울특별시 양천구 목동동로 81, 8층
         서울특별시 마포구 성암로330 DMC첨단산업센터 C동 316호(디자인실)
전화 02-6204-8064 | 팩스 02-6020-8264
이메일 letternrecords@gmail.com

홈페이지 www.letterandrecords.com
블로그 blog.naver.com/letternrecords
페이스북 www.facebook.com/letternrecords
인스타그램 www.instagram.com/letternrecords
트위터 @letternrecords

ⓒ 최혜진, 김설경, 권아람 2017

ISBN 979-11-957394-3-1 03910

- 이 책의 판권은 지은이와 글자와 기록사이에 있습니다.
  이 책 내용의 전부 또는 일부를 사용하려면 반드시 양측의 서면동의를 받아야 합니다.
- 잘못된 책은 구입하신 서점에서 바꾸어 드립니다.
- 책값은 뒤표지에 표기되어 있습니다.
- 이 책은 환경친화적인 종이와 인쇄 기름을 사용하였습니다.